在日

姜尚中

講談社

一九五〇年、わたしは、熊本県熊本市で在日二世として生まれた。それからはや、半世紀が経った。この間、世界は大きく変わった。「分裂」している朝鮮半島も、今まさに、変わりつつある。しかし、「在日」の存在は変わっていない。時は経ったが一世たちの思いは誰にも伝わってはいない。「在日」と日本、「在日」と南北、南北と日本の間にある分裂の「和解」が少しでも成し遂げられたとき、そのときこそ、わたしは、本当の一世たちに出会えるような気がする。

わたしは、一世たちの思いを後世に伝えねば、
と思う。わたし自身の半生を振り返ることに
よって、その思いを少しでも感じてほしい。
在日二世、姜尚中を知ることによって……。

（前ページとも東京大学・文京区本郷にて）

在日

在日　目次

カバー写真　平間 至
ブックデザイン　鈴木成一デザイン室

プロローグ

わたしは写真が苦手だ。瞬間の表情を切り取って凝固させたような自分の顔をみるのが辛い。凍てついたような表情には自分の内面の歪みや隠しておきたい秘め事がぎごちなく表れているように思えて、恐くなることもある。だから、わたしは自分の写真をみるのがきらいで仕方がなかった。その「性癖」は、今でも変わらないし、カメラやテレビに身をさらす機会が多くなったにもかかわらず、わたしは、写真であれ、テレビであれ、自分の映像をみたいと思ったことなどほとんどない。

最近では新聞や雑誌での対談やインタビューで写真撮影の機会がめっきり増え、自著の表紙をわたしの肖像写真で飾ることが多くなった。正面から撮られた写真は、ほとんど例外なくこわばった表情のいかめしい顔ばかりである。「とてもいいですね、姜さんらしくかっこよく出来上がりましたよ」。カメラマンや編集者は異口同音に感心した様子で褒《ほ》めてくれるが、晴れがましい気持ちになったことなど一度もないのだ。

いつの頃から自分の顔を避けたいと思うようになったのだろうか。おそらく思春期の頃からだったのではないか。実際、高校生のとき、わたしは一度も写真を撮ってもらった記憶がないのだ。ただひとつの例外は、卒業アルバム用にクラスメート数人と撮った写真である。学生帽を不自然なほどに深くかぶって、友人たちの中に紛れ込もうとしているおどおどしたわたしがいる。このときの写真をわたしは数十年間忘却の中に仕舞い込んできた。きっとみるのもいやだったのだろう。

この傾向は大学に入るとより自覚的になっていったように思う。自分が、「在日」であり、いかにも「韓国・朝鮮系」の顔をしていると思い込み、写真をみることでやはり自分は紛れもなく「韓国・朝鮮人」であると再確認することがいやだったのかもしれない。「在日」であることにつきまとうしろめたさは、自分の顔を避けたい気持ちにつながり、いつしか写真に撮られることを忌み嫌うようになっていたのだ。

このちぐはぐな感情、自分の顔ともしっくりと折り合いがつけられない落ち着きのなさは、ともすると不安にかられやすいわたしの精神的な脆弱《ぜいじゃく》さの原因になっていた。他者の眼差しに過敏になりやすいのも、そうした心性と関連していると言えそうだ。

しかし奇妙なことだが、そうした内にこもってしまうようなナイーブな性格とは裏腹に、わたしの中にはどこか大胆で、ふてぶてしいような図太さが備わっているように思えることがある。それは、物事の仔細《しさい》にこだわらない鈍感さと紙一重の不逞《ふてい》の精神と言い換えてもいい。

いったいどちらがわたしの本当の姿なのか、じつはわたし自身にもよくわからないのだ。このような分裂質的なわたしの性格が、父母とわたしを取り巻いてきた「在日」の環境から何がしかの影響をこうむったことは間違いない。

とりわけ、わたしの原点になったのは、母（オモニ）だったのではないかとつくづく思うことが多くなった。あふれるような母性愛と繊細さ。母はわたしの避難所であったし、母もまたわたしを自分の繭《まゆ》の中で保護することを望んでいた。

だが時折、突然のように爆発する母の癇癪《かんしゃく》にわたしは狼狽《ろうばい》し、弾き飛ばされるような驚きともおののきともつかない感覚に襲われることがあった。母のヒステリックなほどの怒りと激情が鎮《しず》まり、平静にもどるまで、ただわたしは身をすくめて時間の経つのを祈るばかりだった。母もまた、明らかに分裂質的な性格の持ち主なのかもしれない。

わたしの勝手な解釈かもしれないが、母がそうなったのは、先天的な要因というよりも、やはり「在日」という境遇の影響が大きいと思わざるをえない。

幼い頃の母は、彼女の祖母に大事に育てられ、しきたりや習俗を何よりも大切にする心性を養ったようだ。疑うことを知らない無垢な少女にとって、「女」が自分を声高に主張したり、自分の感情をストレートに表現することなど、想像もできなかった。目上の人々の愛情に恵まれた母は、きっと世の中を苛酷で悪意に満ちた世界と思うことなど、到底考えられなかったに違いない。

だが一度しか顔を見たことのない父に見初《みそ》められ、父をたよりに住み慣れた故郷から海を越えて日本にわたり、そこで想像を絶するような艱難辛苦《かんなんしんく》の日々を生き抜いていかざるをえなかった母は、内に秘めた自分の世界を守り続けるためにも、激しい性格の人へと脱皮していかざるをえなかった。苛酷な仕打ちと虚偽や悪意に満ちた世界に放り出された「うぶな娘」は、何度も泣きはらし、悲嘆にくれながら、世の中と渡り合っていかざるをえなかったのである。「在日」であり、同時に「文盲」であることは、終生、母につきまとった「宿題」であったに違いない。

「在日」であることが、わたしの思春期に暗い影を落とす宿命的な桎梏《しっこく》と思われたとすれば、母にとって「在日」を生きるとは、自分の母胎から引き裂かれるように、無念にも失われた故郷（パトリ）の記憶を、異国の地で新しく再生させることを意味していた。故郷の祭儀や風習、食生活や儀礼に対する母の異様なほどのこだわりは、もぎ取られてしまった土地と人々の記憶を現在という時間の中で再構成しようとする彼女なりの必死の営みだったに違いない。

しかも母は、故郷の時間である旧暦の世界の中で生きていたのである。彼女の内的な時間は、西暦でもなければ、元号でもなかった。たとえ、世の中がそんな時間で回っていても、彼女はかたくなに旧暦にこだわり続けたのである。母を支配していた身体的な時間は、土俗的な習俗の循環によって時を刻んでいたのである。

そのうえ、母は、その半世紀以上におよぶ「在日」の歴史の中で、ひとつの目こぼしもなく、すべての祭儀や法事をやってのけたのだ。そのために払われた労力は膨大《ぼうだい》であった。料理や祭式の準備だけでも、二晩くらいは一睡もしないときもあったくらいだ。明け方までせっせと台所で働いている母の姿をわたしは何度も目撃したことがある。

母の、神経症的ともいえる故郷の習俗や祭儀への執着が、わたしの目にはあまりにも不合理に思えて仕方がなかった。祖先崇拝と土俗的なシャーマニズムの世界は、わたしには常軌を逸した迷信以外のなにものでもなかったからである。わたしには、その世界が「在日」であることの不名誉のしるしのように思えてならなかった。

だが、そのわだかまりも、わたしの浅はかな料簡《りょうけん》であったことを悟ることになる。

幼くして亡くなった長男「春男」の法事の後、母は「春男」のために準備した赤ん坊の下着を焼き捨てながら、その煙が昇っていくのを潤んだ目でじっとみつめていた。「春男、天に昇っておゆき。また来年に会おうね」。母は、数十年の歳月にもかかわらず、死児の齢をずっと数えながら生きてきたのである。「こがんしてあげんと、亡くなった春男ちゃんは、ゆっくりと眠られんけんね」。わたしは自らの不覚と浅はかさを恥じた。そのとき、母が必死に守り続けてきた世界がなんであったのか、わたしはやっとわかるようになったのだ。

戦争の時代、そして戦後の時代、そのすさまじい変化にもかかわらず、母は異国の地で根こそぎもぎ取られた記憶に生命を吹き込むことでかろうじて自分がだれであるかを確かめながら生きてきたのである。明らかに母の中には、近代とでも呼びたくなるような時間にあらがうもうひとつの時間の習俗が生き続けていたのだ。その記憶を今に生きることで、母は無意識のうちに日本の中にどっぷりとつかることのない異質な時間をみつけ出していたのではないか。

朝鮮半島に近代を強引に引き入れたのが日本であったとすると、母の時間の習俗は、その日本に対するささやかな抵抗の現れだったのかもしれない。文字を通して近代の時間に慣れ親しんだわたしは、いつの間にか、自分自身を見失い、あてどなくさまよっていたのである。「在日」から逃れたい、母たちの黄泉《よみ》のような世界から逃れたい。その鬱屈《うっくつ》したわたしの願いは、上昇志向の果てに翼をなくし、地に墜ちてしまったのである。何も学んでいなかったのではないか。母たちの無知と迷信をしたり顔で見下していただけではないか。なんという高慢ちきで浅はかな奴だ。わたしは激しい自己嫌悪に襲われていた。

母が文盲であることでもそうだった。テレビの前で「ユース」――母は「ニュース」とは発音できなかった――について解説をねだる母の願いを、わたしは時にはうっとうしいとさえ思っていたのだ。しかし、何事にも好奇心の旺盛な母にとって「ユース」は彼女に閉ざされている世界への入口だったに違いない。言語を通じて人は自分の直接的な環境を超えた世界へ繋がっていけるとすれば、母にはその言語という回路が途絶していたのである。それがどれほどの閉塞感と孤立感をもたらすものなのか、わたしは想像してもみなかったのだ。

母の抱え込んだ煩悶や葛藤《かっとう》は、わたしの想像を絶するほど激しく、シリアスであったにちがいない。なぜなら、母には、自分だけの世界に閉じこもっていることなど許されなかったからである。零細な家業の中心的な担い手として、母は人との交渉にあたらなければならなかったのである。社会の底辺にうごめく「貧しき人々」との駆け引きに神経をすり減らし、母の中にストレスと不満が募っていったに違いない。

文盲のハンデで何度も騙《だま》されたり、見下されたりしたせいか、母のプライドはずたずたにされていたのである。「第三国人」という身の上だけでなく、文字を知らないという二重苦で、人とのコミュニケーションはすれ違いとギャップの連続だったに違いない。孤独の世界に引きこもりたいという願望と、生活のためにたえず外の世界と交渉をもたなければならないという差し迫った強制の狭間《はざま》で、母はいつしか神経症的な性格を形作っていったのではないか。母もまた、メランコリーの中に打ち沈んでいるときが多かった。そんなときふとため息のように漏れる母の涙声の歌は、とても心悲しく哀愁に満ちていた。それは、静謐《せいひつ》でしっとりとした泣き声のように思えることがあった。

しかし、そんな「静」の時間も、しばしば激しい「動」の時間とコントラストをなしていたのである。癇癪が爆発したときは、だれも手がつけられないほど烈《はげ》しく、ただそれが自然におさまっていくのを待つだけだった。

なぜあんなに母は激しい気性をむき出しにせざるをえなかったのだろう。そこには、無垢ではにかみがちな「生娘」が耐え忍んでいかなければならなかったいくつもの重圧への反発が表現されていたのかもしれない。その「生娘」のような恥じらいを母はずっとどこかで失わずに大切に自分の中に仕舞い込んでいたように思う。「鉄男、オモニの名前を書いてみたばってん、これでよかとだろかね……」。不安そうに、ためらいがちに母が差し出した紙切れには、不器用だが丁寧に書き記された「永野春子」の名前があった。わたしは咄嗟《とっさ》に返事につまり、ただ「うん、それでよかよ」と答えるのが精一杯だった。「ほんと、これでよかとね。ほんとね」。何度も確認をもとめる母の顔には、まるで文字を習いたての小学生のようなういういしい笑みがこぼれていた。鉛筆をなめながら、また何度も自分の「通名」を書き記す母の真剣な姿がいじらしかった。

名前すら書けないわが身の無知を、母はどんなに恨んだことだろう。文字を知らないわが身の不幸をこぼす母の口調には、くやしさとやるせなさの感情がにじんでいた。

しかしそんな母も、喜寿《きじゅ》を過ぎ、激しい気性も影をひそめ、同時にメランコリックにふさぎこむこともなくなってきた。ただ横になり、往時を懐かしむような顔をみせる機会が多くなった。「わたしは、もしかしたらいちばん幸せもんかもしれんね」。自分にいい聞かせるようにつぶやく母の声は、どこか寂しく、しかしうれしそうだった。一日の中で横臥《おうが》する時間がめっきり増えた母は、何か恩讐を忘れて、まるで自分だけの繭の中でまどろんでいるようにみえることがある。母はいま、人生の静かな終わりをじっと待ちつつ、ただ失われた過去、遠い記憶を手繰《たぐ》り寄せ、その中で遊んでいるのかもしれない。

わたしの兄の家族は、最近になって日本に「帰化」した。母だけは、それを拒み、自分は「禹順南《ウスンナム》」でそっと消えていくことを望んだという。「姜」の家系はなくならないとしても、家名は消えていくことに、母はきっと一抹の寂しさを感じているに違いない。

「姜」という家名は、今やわたしだけに残されているのである。もっとも、わたしは、家名にこだわったことなど一度もないが……。それでも、悲壮な決意で「永野《ながの》鉄男《てつお》」から「姜尚中《カンサンジュン》」に変わった頃のことを想い出すと、それが大事な宝物のように思えてならないことがある。

消えゆくように最期の時を待ちつつある母と、父の名を託された息子。母に残された時間は多くはない。そう思うと、わたしは無性に失われた過去の遠い記憶を書き綴っておきたくなった。母がこの世を去れば、あの混じり気のない大切な記憶の中の人々はひとりもいなくなってしまうのである。それがどれほど悲しく、寂しいものなのか。想像するだけで、落ち込んでしまいそうだ。でもだからこそ、わたしはその記憶をとどめておきたいと思うのだ。そして遠い記憶の中に生きている母に、この拙《つたな》い本のことを話してあげたい。母とせめてその記憶を再び分かち合うために。

第一章
朝鮮戦争のときに生まれて

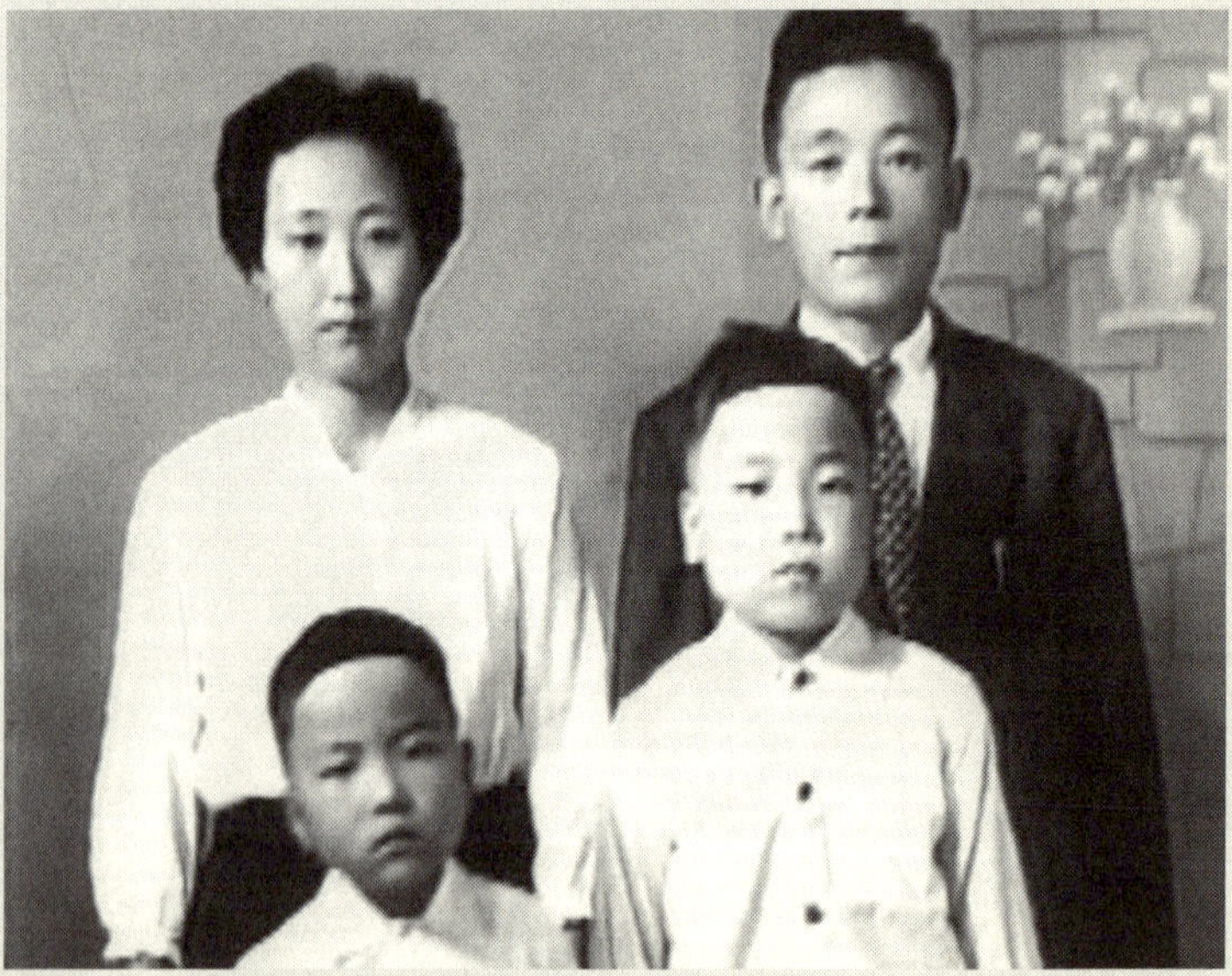

右●一九五〇年代、万日山《まんにちやま》のふもとの韓国・朝鮮人集落に税務署がヤミ酒の摘発に入った様子を撮った貴重な写真である。幼い頃、このトラックに母が石を投げたことを今でも鮮明に憶えている。(熊本日日新聞社提供)

下●幼少時の家族写真。一九五五年、五歳の頃。前列右が兄で左がわたし、後列右が父、左が母(オモニ)である。

養豚、どぶろく、そしてやさしき人々

わたしが生まれたのは一九五〇年、昭和でいえば二十五年の八月一二日となっているが、どうやらそれはわたしの実際の誕生日ではないらしい。両親が、旧暦で出生届を出していたと思われるからだ。

父母たちの時間を刻んでいたのは、あくまでも旧暦の世界だったのである。先に述べたようにその「習癖」は、今も母親（オモニ）の内的な時間の中に息づいている。人の誕生と成長、そして死を、旧暦の時間として記憶しておくことで、父母たちは、自分の「故郷」と、そしてその祖先と繫がっていると確信していたのだろう。

いずれにしても朝鮮戦争*のただ中に、わたしは九州は熊本市内の熊本駅近くにある韓国・朝鮮人集落*で生まれた。韓国名、姜尚中。日本名、永野鉄男。後者の「通名」が、わたしの思春期までの名前だった。「鉄男」から「尚中」に変わるまでに二十数年の歳月を要したのである。

その変化は、ある意味でこれから話すように、「在日」二世としてのわたしの半生に大きな断絶をもたらした。だが今では時折、「鉄男」が無性になつかしく思えることがある。それは、単に否定されるべき偽りの名前、人生ではな

＊朝鮮戦争―一九五〇年六月二十五日、朝鮮民主主義人民共和国（北朝鮮）軍の三十八度線を越えての南下によって開始された「国際内戦」。アメリカは国連に訴えて国連軍を編制し、韓国軍とともに応戦。これに対し中国が北朝鮮側に参戦した。五三年七月休戦協定調印。朝鮮民族だけで四百万人もの犠牲者を出し、南北分断で離散した家族は一千万人と言われる。

＊韓国・朝鮮人集落―十九世紀後半の朝鮮植民地化以後、日本で働く朝鮮人が急増。その多くは土建現場や鉱山、工場などで働く単身者だったが、徐々に家族で暮らし、日本に生活の拠点を置くようになる。だが、民族差別から日本の地域社会に定着することができず、朝鮮人が集まる集落に居住する人が多かった。日本の敗戦直後、戦争中に強制連行された渡日者を含めて

く、それも含めて生身《なまみ》のわたしそのものを語るかけがえのない「記号」なのだ。それを抱きしめて生きるということが、この日本で生きるということの深い意味ではないかと思う。

ところで、当時の占領下にあった日本の中で、「在日」は多くの場合、都道府県や市町村の地域史や警察史が物語っているように、ヤミ商売や犯罪的な行為によって日本の経済を攪乱《かくらん》し、公序良俗を毀損《きそん》する「*第三国人」とみなされていた。日本の経済、社会、文化に対する「在日」の貢献などほとんど顧みられることさえなかったのである。

事情は熊本でも同じだった。というより、戦前から軍国主義の土壌があった熊本では、とくに「在日」に対する偏見や予断、差別意識が強かったといえる。

九州でも最強の師団本部が置かれていた熊本市は、戦災の被害も甚大《じんだい》で、敗戦直後、熊本駅から水前寺までほとんど焼け野原同然の廃墟《はいきょ》と化していた。朝鮮戦争前後まで復興もままならず、わたしが生まれた当時でも、敗戦の爪痕《つめあと》はいたるところに暗い影を落としていた。

わたしが生まれた熊本駅付近の春日町界隈は、とりわけ復興の歩みから取り残されたような地域であった。駅からは上り線に向かって左手に「*熊本バンド」結成の地として有名な花岡山《はなおかやま》が見えるが、その隣の万日山のなだらかな傾斜地

在日の人口は二百万人にのぼった。

＊第三国人―第三国人という言葉は、GHQ（連合国軍最高司令部）が在日の韓国・朝鮮人を、勝利国の国民でもなく、敗戦国の国民でもないという意味で「ザ・サード・ナショナルズ（第三国人）」と呼んだことに由来する。

＊熊本バンド―熊本市に一八七一年、熊本洋学校が創設され、アメリカ人教師ジェーンズ大尉がキリスト教主義の洋式教育を行った。一八七六年ここで学ぶ生徒三十五人がキリスト教信奉と日本での布教の誓いを結ぶ。この有志たちの一団を熊本バンドという。

にはいつくばるように在日韓国・朝鮮人の集落があった。粗末なバラックばかりの集落に当時、百世帯以上の「在日」が肩を寄せ合うように生活をともにしていたのである。

　集落の在日韓国・朝鮮人たちは、もっぱら養豚やヤミのどぶろく作りで生計を立てていた。*ゴーリキーの『どん底』のような光景が日常的に繰り返されていた。祖国の内戦によって希望をもぎ取られ、解放の夢も破れた「在日」の大人たちの行き場のない悲しみと怒りが交錯し、集落の中はいつも圧力釜のように煮えたぎっていた。

　哄笑《こうしょう》と怒気、不逞と悲哀が集落の共同生活をいろどっていた。だれもが絶望し、それでも淡い夢を断ち切れず、日々のすさんだ生業《なりわい》の中で生きるすべを必死に見つけ出そうとしていたのである。

　生きる糧《かて》といえば、ヤミのどぶろくと養豚くらいしか残されていなかった。

　わたしが四、五歳の頃、時折税務署の一斉摘発を目撃することがあった。どぶろく作りの施設があった粗末な小屋めがけて数台のトラックがなだらかな山道を登ってくるシーンを、どういうわけかわたしはよく憶えている。集落の中は蜂の巣を突っついたような大騒ぎになり、小高い山にこだまするような「アイゴー（哀号）」の声がわたしの耳に今も残っている。ささやかな生活の糧を破壊されることへの怒りと悲しみの声が、あたりにいつまでも残響していた。子

＊マクシム・ゴーリキー――（一八六八―一九三六）ロシア・ソ連の小説家・劇作家。極貧と苦難の中に育ち、それが作風に反映され社会主義リアリズムの基礎を築く。一九〇二年に初演された戯曲『どん底』は、地下室の木賃宿を舞台に人生の敗北者たちを描いたもので、人間賛歌のテーマが世界各国で反響を呼んだ。

供心にも、わたしは自分たちが何かアウトローの世界にいるんだというイメージを持つようになっていた。

忘れもしないある日のこと、わたしの母が税務署のトラックに石を投げつけたことがあった。車の窓ガラスが割れ、トラックは立ち往生を強いられることになった。

もともとは神経質で繊細な感受性を持っている母も、このときだけは強いいきどおりに駆られたのだろう。生活を破壊する官憲への怒りをあらわにして、石で立ち向かう様《さま》にわたしはしばし固唾《かたず》を呑んで声が出なかった。投石の後、膝からくずおれるように地べたにへたり込んだ母は、こぶしで胸を叩きながら、泣き崩れていた。なんという世の中だ、なんというわが身だ、どうしてこんな辛酸《しんさん》を嘗《な》めねばならないのか。きっと母はそんなふうに叫んでいたのではないだろうか。

その日、母はもよりの警察署に連行された。不安げな父のそばでわたしは何かおそろしいことが身に降りかかりそうで、泣きじゃくっていた。どんな顛末《てんまつ》だったのか、詳しくは記憶にないが、トラックの運転手には幸い怪我はなかったのか、母はほどなくして家に戻ってきた。そこには気丈な母の姿があった。

どん底の中ではいつくばる「地の群れ」のような生活ではあったが、なぜかわたしは大人たちにかわいがられ、いつくしみを受けたように思う。少なくともわたしにはいとおしくなるような記憶しか思い当たらないのだ。

アウトロー的な「在日」の集落ではあったが、大人たちの愛情に恵まれたわたしにとって「在日」の原風景は、やさしくも温《ぬく》もりのある不遇な人々の共同体の光景だった。

父、母はこうして在日一世になった

その集落からそう遠くないところに、高田組という「土建屋」があって、わたしの父はそこで現場監督の仕事をしていた。高田組は戦前から「土工」たちを雇いながら、事業を行っていたようである。

わたしの家は、集落の中でもふもとの下のほうにあったちっぽけな一軒家で、わたしはそこで生まれ、父、母、わたしより四つ上の兄と四人で暮らしていた。

父が日本に来たのは、満州事変の年だった。弱冠《じゃっかん》十五歳のときである。着の身着のまま、単身、日本にやってきたのだ。慶尚南道昌原郡南山里《キョンサンナムドチャンウォンクンナムサンリ》という、韓国南部の典型的な貧しい小作人の長男に生まれた父は、貧しさに押されるように宗主国《そうしゅこく》にたどり着いたのである。まさしく流民のような境遇であった。

アメリカを代表する現代朝鮮史の研究者であるブルース・カミングス*によれ

＊ブルース・カミングス――（一九四三―　）アメリカ・シカゴ大学歴史学部教授。二十世紀国際関係史、とくに東アジアの政治経済、朝鮮近現代史研究の第一人者と言われる。

ば、一九三〇年代の不況の影響と植民地の強制的な工業化が結びついて、半島の人口の大部分が農地を離れて都市や産業に移動し、さらに日中戦争以後、日本帝国の劇的な圏域《けんいき》の拡大とともに朝鮮半島の人口動態は海外流出に転じるようになった。敗戦の前年までには、半島の全人口の約二〇パーセントが、生まれ故郷ではないどこかの地域に住むことになったのである。その大半は、十五歳から四十歳の働き盛りの年齢であった。つまり、じつに成人人口の四〇パーセントが生まれ故郷を離れた状況にあったのだ。

こんな劇的な人口動態の変動にさらされた地域は、おそらく世界のどこにもなかったとカミングスは指摘している(『現代朝鮮の歴史　世界のなかの朝鮮』明石書店)。この膨大な労働人口は、不況と土地所有の集中によってひどい打撃を受けた余剰農民人口から生まれたものである。そして流出者が集中したのは、半島南部の慶尚道だった。

父は、こうした苦難に満ちた巨大な混乱の中に叩き込まれたひとりの貧しい農家の青年にすぎなかった。その双肩にかかった時代の重荷は、父の運命を苛酷な境遇へと追いやっていくことになる。

日本でどれだけ職と場所を転々としたのかわからないほど、父の思春期は流転の日々であった。やがて東京に移り住み、軍需工場で働くようになった頃、半島も国家総動員体制の下にあり、労働は徴募や徴用になっていた。「内鮮一《ないせんいっ》*

＊内鮮一体―日本の植民地統治下の朝鮮人に対して、併合直後から同化政策がとられたが、とくに一九三〇年代後半から戦時動員体制に取り込むための皇国臣民化政策を進めた。このため、朝鮮人を天皇に忠実な臣民とする思想統制のスローガンとして「内鮮一体」が提唱された。「内」とは内地、すなわち日本のことで、朝鮮は外地と呼ばれた。

体《たい》」が謳《うた》われ、強制された同化の中で一体化が進み、やがて植民地出身者にも軍人への道が開かれるようになった。後にその「昇進」の道を歩んでいく弟の面倒をみるべく、父は寝食を忘れるほど働き続けたという。農民らしいがっしりとした体つきと素朴な風貌の父親は、苦労の重荷を背負いすぎたのか、決して背丈は大きなほうではなかった。

父に較べて偉丈夫な弟(叔父)は、秀麗な顔つきの、ひときわ際立つ青年だった。当時の植民地出身者にはめずらしく大学で法学を学び、やがて憲兵になって熊本に赴任することになるのである。彼の出処進退は、わたしにも影響を与えることになるのだが、その話は後に語ることにしよう。

韓国の釜山《プサン》近くの鎮海《チネ》から母が許婚《いいなずけ》の父を訪ねてくるのが、*太平洋戦争勃発《ぼっぱつ》の年である。日本の破局を決定づけることになる大戦勃発の年に母は父の住所を唯一の手がかりに単身、*関釜《かんぷ》連絡船で下関に上陸し、そこから各地を転々としながら、東京の巣鴨三丁目にある父の社宅に身を寄せ、新婚生活をはじめることになったのだ。わずか十八歳の娘であった。

幼少のときから教育の機会を奪われていた母は、日本語だけでなく、「民族」の言葉についても、話すことはできても、読むことも書くこともできない文盲の状態だった。片言の日本語さえ口に出せず、*チマ・チョゴリ姿のかいがいしい新婦は、周囲から好奇の目でみられていたらしい。母の「民族衣装」をしげ

＊太平洋戦争―一九四一年十二月八日から四五年八月十五日まで、日本と連合国との間で戦われた戦争。日本は大東亜共栄圏の秩序を確立するための「大東亜戦争」と呼んだが、敗戦後、GHQは「太平洋戦争」の名を公式に採用した。

＊関釜連絡船―日本の下関と韓国の釜山を結ぶ定期航路。朝鮮半島支配と中国進出のための運輸機関として一九〇五年九月に開設され、翌年国有化される。その後、敗戦の四五年八月まで運航され、数多くの貨物や旅客を運び、朝鮮人の渡航のみならず強制連行にも使われた。

＊チマ・チョゴリ―朝鮮の女性用民族衣装。上衣を襦(チョゴリ)といい、着物のようにえりを合わせる。ひだを大きくとった下衣を裳(チマ)と呼ぶ。

しげとなめ回すように品定めする近所の主婦たちに囲まれてもなすすべもなく、母はじっと恥じらいがちに立ち尽くしていたことがあったという。母の中に澱《おり》のように沈殿していった「在日」の哀歓《あいかん》は、後に間欠泉《かんけつせん》のように、悲哀に満ちた歌となり、あるいは激しい感情となって表出することになる。

戦況が悪化し、東京も空襲がひどくなると、父と母は父の妹夫婦といっしょに愛知県の一宮《いちのみや》に疎開することになった。ほどなくして長男が生まれ、「春男《はるお》」と名づけられた。母の日本名春子《はるこ》から「春」をとって命名したのである。

しかし、家族の生活は決して幸せとはいえなかったようだ。空襲で父の妹は正気を無くし、そして長男の春男も命を絶たれてしまったのである。母は、気がふれたように死児を数日間も抱いたまま、離さなかったという。八十になる今日まで、母は春男の命日の供養を欠かすことはなかった。「春男ちゃんがね……」と語りかける母にとって悲劇はつい昨日のことのように思われていたのかもしれない。記憶は、時間とともに色あせるのではなく、逆により鮮やかに反芻《はんすう》されていくのだ。母を見ていると、そう感じざるをえないことがある。

ふたりは、遺骨を胸に一宮から大阪、広島などを経由して熊本にたどり着くことになる。そこには、憲兵となった叔父がいたからだ。そのときすでに日本の敗戦は濃厚になっていた。父と母は、韓国に帰るつもりで、叔父に別れをつげようとしたらしい。そして熊本で敗戦を迎えることになるのだ。

その後、父と母は帰郷を見送り、代わりに叔父が単身、帰還することになった。それで父母は、あの「在日」の集落に身を寄せることになったのである。

敗戦は、植民地にとっては歓喜にあふれた解放の日であった。祖国への帰還と膨《ふく》らむ期待が、「在日」のはやる心をつかんで離さなかった。ところが、一九四八年に大韓民国と朝鮮民主主義人民共和国が成立し、やがて朝鮮戦争が勃発する。空前の殺戮《さつりく》と犠牲。祖国の荒廃は、「在日」の人々を打ちのめした。わたしのいたあの「在日」の集落に身を寄せた人々は、祖国への道を絶たれ、すさんだ心で再び、民族的な差別を堪え忍ばなければならなくなったのである。

集落は、日本の中のゲットー*のような異次元の空間とみなされるようになっていた。前に述べたように、その中にわたしは生まれ、五年間を過ごすことになったのである。あのときの「在日」の一世たちは、それぞれに深い悲しみを抱えながら、生き延びることに血眼《ちまなこ》になっていたように見える。

やがて北朝鮮*への帰還運動が盛んになるにつれ、わたしのいた集落からもどんどん人が帰っていった。一九五九年から、北へ北へと、くしの歯が抜けるように人がいなくなっていった。そうした中で、父と母は、北への帰還を勧められながらも、首を縦に振らず、熊本に残る道を選んだのである。なぜ父母が北への帰還を躊躇《ちゅうちょ》したのか、その詳しい理由はわからないが、おそらくふたつの

＊ゲットー――キリスト教社会におけるユダヤ教徒の強制隔離居住区。第二次世界大戦中のナチス・ドイツがつくったユダヤ人強制収容所の意味にも使われる。転じて、ニューヨークなどのアメリカの大都市における少数民族のスラム街をゲットーと呼ぶことがある。

＊北朝鮮への帰還運動――一九五八年九月、金日成首相が在日の受け入れを表明し、翌五九年、日本政府も国際赤十字の仲介による北朝鮮への帰国を決定した。これにより、同年十二月に帰国第一船が出港。六七年に日本側が帰還事業を終了させた時点で、帰国者数は日本人家族六千五百人を含む約八万人に及ぶ。この後も暫定措置による帰還が八五年まで続いた。

理由があったに違いない。

第一の理由は、朝鮮戦争に法務参謀として参戦した叔父の強い警告があったことだ。北朝鮮への敵愾心《てきがいしん》と反共主義に凝り固まっていたに違いない叔父の意見が帰還を踏みとどまらせたのである。第二にあげられるのは、「南」にある父祖伝来の墓を見捨てることができなかったことである。とくに祖先崇拝の心情が強い母にとって、「北」に移り住むことは、背信的な「不義」を犯すことを意味していた。こうして父と母は、日本にとどまったのである。

十万人の民族帰還運動

北朝鮮への帰還運動に関して言うと、それは今日、あらためて考え直されるべき重要なテーマであることは間違いない。

当時の韓国は*李承晩《イスンマン》政権の時代で、悪名高き「*李《り》ライン」のおかげで日本漁船の拿捕《だほ》が相次ぎ、日韓関係はささくれ立った犬猿関係にあった。漁民を痛めつけ、無謀にも拿捕して憚《はばか》らない非常に「野蛮な」国。これが大方の韓国に対するイメージではなかったかと思う。拉致《らち》問題が浮上して以後の北朝鮮の否定的なイメージを幾分和らげた感じと言ったらいいだろうか。

対して北朝鮮のことは、さほど知られてはいなかった。一九五六年、日本の

＊李承晩―（一八七五―一九六五）解放後、親米反共主義の立場から南朝鮮の政府樹立を主張し、四八年の大韓民国成立とともに、初代大統領に就任。アメリカの強力な支援のもと、反共イデオロギーを展開する一方、激しい権勢欲にかられ反対勢力を徹底弾圧した。

＊李ライン―韓国の反日感情を背景に、一九五二年、李承晩大統領が竹島を含む水域（李ライン）を設定し、水産物などの天然資源利用の権利を主張した。

経済白書で「もう戦後は終わった」という文言《もんごん》がはじめて盛り込まれ、日本は高度成長への足がかりをつかむことになるのだが、その三年後にはじまる「北」への帰還運動の頃、多くの全国紙には復興の槌音《つちおと》響くピョンヤン、高層ビルの林立するピョンヤン、新興社会主義国家・北朝鮮というポジティブな言葉が躍っていた。

他方で日韓関係は、国交正常化すら果たせず、過去の植民地支配の清算も成し遂げられないまま、摩擦と抗争の火種をかかえていた。そのような関係の函数として「在日」には「第三国人」のイメージがつきまとい、事実上、犯罪者予備軍のような扱いを受けていたのである。

このような中で三十八度線*の北側には相対的に積極的なイメージが醸成《じょうせい》されていたのである。冷戦下の東西対決と南北分断、日米安保と米軍基地などの厳しい現実や、社会主義中国に代表される新興アジア諸国の民族主義への共感と反米ナショナリズムなどが交じり合って、日本では左翼やリベラルな知識人、言論人などを中心に北朝鮮への強い思い入れがあった。さらに現在、北朝鮮非難のキャンペーンの先頭に立っている全国紙ですらも、一九五九年の帰還運動には好意的な記事を連日垂れ流していたのである。

後に述べるように、「韓国的カテゴリー」に立っていたわたしには北朝鮮と韓国の対照的なイメージに違和感がつきまとっていた。いつか揺り戻しが起き

＊**三十八度線**―朝鮮戦争の停戦協定第一条に基づいて引かれた軍事境界線。板門店《パンムンジョム》を通る東西に引かれたこの線（北緯三十八度）の南北それぞれ二キロメートルにわたって非武装地帯が設置されている。

るのではないか、わたしはどこかで不安を覚えていた。そして今、その不安は的中し、北朝鮮に対するすさまじいネガティブ・キャンペーンが日本全体をすっぽりとおおっているのだ。この極端なブレはどうして起こるのか。この極端から極端へのブレこそ、最大の問題点ではないのか。

　それにしてもどうして北朝鮮への帰還運動がはじまったのか。やはり「在日」の生活の貧しさや民族差別、将来への絶望などが運動を推し進めた「内圧」だった。

「キムチのにおう部落《ママ》に群がり、就職の門はとざされ、故郷を恋うて、帰国をはばまれ、異郷にあってなお同胞相争う」（「週刊朝日」一九五九年三月八日号）六十万の在日韓国・朝鮮人の中からうずくような祖国願望が芽生えたとしても決して不思議ではない。朝鮮総連*の積極的な働きかけや、組織的な運動があったにしても、そのほとんどが「南」出身の在日韓国・朝鮮人が、「未知の北」へとあえて帰還しようとした背景には、胸中に広がる「祖国」への強烈な思い入れがあったに違いない。

　北朝鮮の内部事情もあった。当時の北朝鮮は、第二次五ヵ年計画の最中であり、労働力不足を補う意図もあったと思われる。また一九五六年の、フルシチョフ*によるスターリン批判*以後、朝ソ関係は疎遠になり、ソ連邦の「経済援助」が先細り傾向にあったことも、在日韓国・朝鮮人受け入れの要因となった

＊朝鮮総連―在日本朝鮮人総連合会の略称。朝鮮民主主義人民共和国を支持する在日朝鮮人の民族団体。事業としては、民主的民族教育の充実を図り、現在百五十余の民族学校を擁するほか、新聞・雑誌の発行、銀行・信用組合の営業などを通じて同胞の活動を支援している。

＊ニキータ・フルシチョフ―（一八九四―一九七一）ソ連の政治家。一九五三年にスターリンが没した後、共産党書記長となる。

＊スターリン批判―一九五六年二月のソ連共産党第二〇回大会で、フルシチョフがスターリンによる大粛清や抑圧、独裁の行き過ぎを批判。これによって政治犯の釈放や、粛清された人たちの名誉回復が行われた。

のではないか。

またこの時期、日本からの帰還だけではなく、旧満州の中国東北部からも北朝鮮に帰還する動きがあったことに注目したい。つまり、五〇年代終わりからはじまる在日韓国・朝鮮人の「帰還運動」は、単に日本と北朝鮮、「在日」の関係のみならず、より広く東北アジア地域の韓国・朝鮮系少数者（マイノリティー）の越境的な人口動態の変動として押さえておく必要があるのだ。

このような動きの背景には、日本帝国の広域的な拡大に伴う半島人口の流出と、解放後の帰還、さらに国共内戦*と朝鮮戦争といった、戦前から戦後にまたがる、東北アジア地域を巻き込んだ人口動態の急激な変化があった。その中心に位置していたのは、言うまでもなく、朝鮮半島であった。

帰還運動は、南北間の対立と不信のみならず、「在日」内部に修復しがたい亀裂《きれつ》を作り出すことになってしまった。そういう分裂の中で、日本の世論は、涙の別れ、新しい国への旅立ち、そして人道的措置といった麗しい言葉で埋めつくされ、「集団帰国」の実現に向けて、四十六の都道府県、二百九十の市町村が早期実現の自治体決議を採択し、政府も居住地選択の自由と人権をかかげて帰国事業を後押ししたのである。

しかし、帰還運動の最初の二、三年で、北の事情はわかってしまう。帰還者の数は年を追うごとに減少し、八〇年代の半ばに事実上停止に追い込まれてい

*国共内戦―一九四六年七月から五〇年五月までの、中国共産党と国民党とによる中国の内戦。四九年十月に国民党は台湾に移り、アメリカの支持を受けて国民政府を存続。翌年、中国共産党が中国の全国統治にいたる。

った。

当時、「生活保護費の増大、貧困を主因とする犯罪の横行に手を焼いている」日本からすれば、「帰ってもらえれば、それに越したことはない」というのが偽らざる本音であった。それはある意味で日本の植民地支配の実態を告発する「生きた証拠」を外側に「放出」するやっかい払いの好機だったに違いない。

二千人近くの「日本人妻」の同伴にもかかわらず、その後、「北鮮《ママ》帰国者」の消息は、ほとんど忘れ去られていった。延べ十万人近くに達する「民族移動」が投げかけた意味は、深められないまま、「拉致問題」を契機に北朝鮮へのネガティブ・キャンペーンだけが突出していくことになった。過去の歴史的な経過は顧みられないまま、再び、在日韓国・朝鮮人は、すさまじいばかりのバッシングに向き合わざるをえなくなったのである。

二重三重に積み重ねられてきた悲劇の歴史にまた新たな悲劇が付け加えられようとしているのである。

「底辺」に生きる人々の中で

話を子供時代に戻そう。

わたしが六歳になったとき、生まれ育った集落を離れ、わたしたち一家は、熊本大学のキャンパスを見下ろすことのできる立田山《たつたやま》のすぐふもとに引っ越しすることになった。なけなしのお金をはたいて買った猫の額ほどの土地に永野商店の看板をかかげ、細々と廃品回収業を始めるようになったのである。ちなみに、熊本市内を一望できる立田山は、市民の憩いの場所であるとともに、＊夏目漱石《なつめそうせき》の『三四郎』に登場する山としても知られていた。

父は母ほどの完全な文盲ではなく、幾分日本語の読み書きの能力があったが、それにしても運転免許を取得することは困難だったに違いない。早朝、寝床の中で試験問題に神妙な面持《おもも》ちでチャレンジしていた父の顔が浮かぶ。車の免許は、すべての成人に開かれた資格ではあるが、言葉のハンデを背負った一世たちにとって、その資格を得ることは「苦行」のような難事だったに違いない。

二度目の挑戦で父は見事にその「苦行」をクリアーしたのだ。ミゼットという小さな三輪車が我が家にデビューしたのは、それからほどなくしてだった。それ以後、父は朝早く家を出て夜遅く帰ってくる毎日だった。父は黙々と日々の辛い仕事をやり遂げていたのである。

わたしにとって見知らぬ地での生活は、ひとつの転機となった。「在日」の集落的な共同体から切り離されて日本人だけの環境の中に放り出されたからで

＊夏目漱石—（一八六七—一九一六）明治・大正時代の小説家・英文学者。近代日本の知識人の自我をめぐる葛藤などを描いた。代表作に『坊っちゃん』『草枕』『道草』他。

ある。わたしは心細い思いをしていた。何か陸の孤島に閉じ込められたような気持ちだった。豚の糞尿と残飯の異臭、そしてこうじの匂いがなぜか懐かしかった。

環境も人も変わってしまったが、廃品回収の看板をかかげた我が家には、じつにいろいろな人生の背景をもった人々が出入りし、今にして思えば、人間の悲喜劇を見るような感じだった。社会の底辺に追いやられながらも、日々の糧を必死に求める人々の息づかいがわたしにも痛いほどわかるような気がした。ここにもまた、かつての集落とは違った「どん底」の世界があった。以前と違うのは、「日本人」が主だった登場人物だったことだ。

文字を読めない母親は、廃品の品目や数量や単価の計算から、個別的な交渉に至るまで一手に引き受けて切り盛りせざるをえなかった。そのために母が考案したのは、日本語の文字を母だけにわかる記号に置き換えて暗記することだった。母のずば抜けた記憶力は、文字が書けないハンデを補おうとする必死の努力の成果だったかもしれない。

こうして我が家の廃品回収業は、少しずつ軌道に乗っていくことになったのである。それは、日本が朝鮮戦争を「天佑神助《てんゆうしんじょ》」として戦後復興のキッカケをつかみ、やがて高度成長の軌道に乗りはじめる時代と重なり合っていた。

その中で思い出深いのは、軍刀や鉄兜《てつかぶと》などの戦闘用具が、廃品として大量に我が家の前に高く積み重ねられたことである。血のりなどで赤褐色にさびついた軍刀の数々は、わたしの目にも異様に映ったほどだ。そこには明らかに戦争の匂いがあった。母親は韓国式の「お祓《はら》い」だったのか、塩をあたり一面にふりかけ、何かぼそぼそと念じているようだった。戦争の血なまぐさい記憶は、こんなところにもまだ残っていたのである。廃品回収とは、歴史のむごたらしい残骸を処理する生業でもあったのだ。母は直感的にその意味に気づいていたに違いない。

こうした父と母の零細な家族経営を支えてくれたもうひとりの大黒柱は、我が家に家族同然に住み着くようになった在日一世だった。小さい頃から「おじさん」と呼んでいたこの人物は、父と兄弟の契《ちぎ》りを結び、我が家の家族の一員となったのである。「おじさん」は、わたしにとって「第二の父親」であり、またそれ以上の存在でもあった。

後に「おじさん」が亡くなった後、わたしははじめて「おじさん」が故郷の家族を捨てて、単身、日本に渡ってきた失郷者の身であることを知ることになる。アウトローの世界を徘徊し、一時期はぶりのいい時代もあったという。その後零落した「おじさん」がなぜ我が家に住み着くようになったのか、その詳しい経緯《いきさつ》はわからない。しかし、わたしはこの「おじさん」から計り知れない薫陶《くんとう》を受けることになるのである。そのことについては、次の章で語ることにしたい。

この「おじさん」も含めて、当時のわたしの周りにはいろいろな人たちが出入りしていた。それぞれ人生の重い荷を背負いながら、必死で生きていたように思う。今となっては忘れ得ぬ人たちばかりだ。

道路を隔てて家の向かい側には文部省唱歌「村の鍛冶屋《かじや》」の世界から抜け出してきたような鍛冶屋さんがあった。高熱の炉で鉄を焼きながら自在に形を整え、みるみるうちに鎌《かま》や鍬《くわ》などの農機具を作り出していく手際《てぎわ》は一級品だった。体の大きな、無骨なおじさんだったが、とても優しい人だった。時折、あたり一面に響くようなくしゃみがすると、鍛冶屋さんが今日も元気に仕事をしていると、何やら安心したものだ。

この鍛冶屋のおじさんと、わたしの「おじさん」とは何やら馬が合うらしく、言葉は少なくとも何かおたがいに通じ合うものを感じていたようだった。「鉄男、おまえんところのおじさんは、よかひとばい。テシオ、テシオって呼ばすばってん、よかひとばい」。鍛冶屋のおじさんは、わたしの名前を「テシオ」としか呼べない「おじさん」の出自《しゅつじ》を慮《おもんぱか》ってわたしを慰めようとしていたのかもしれない。その心優しい鍛冶屋のおじさんも、ほどなくして心筋梗塞《しんきんこうそく》で突然帰らぬ人になってしまった。鉄を打つ音も、威勢のいいくしゃみも、聞こえなくなってしまったのだ。

大人の世界の凄惨《せいさん》な一面を垣間見《かいまみ》たような記憶として残っているのは、飯島《いいじま》さんのことだ。

当時、野犬がいたるところに徘徊し、大きな問題になっていたが、それを捕獲する保健所の人たちを、わたしたちは「犬殺し」と呼んでいた。そこには、恐れと蔑みの感情がこめられていた。ちょび髭《ひげ》が人なつっこさを感じさせる飯島さんが来ると、我が家の愛犬は恐れおののいたように低い鳴き声を発して身構え、床下に隠れてしまう有様であった。「犬はようわかっとるばい。もう『犬殺し』をやめて何年もなるばってん、匂いがしみついとっとだろうね」

犬の匂いだけでなく、人間の血の匂いもしみついているのではないかと思ったのは、飯島さんがある夜、酔いにまかせて戦争中、中国で若い女性を犯してなぶり殺しにした話をしていたときである。ニヤニヤしながら、しかしバツが悪そうに告白する飯島さんの口元には、苦笑のような笑みがあらわれていた。わたしは何か聞いてはならないものを聞いてしまったような後悔の念とともに、身近な大人の中の残忍さを知ったようで戦慄を覚えざるをえなかった。

戦争の記憶をめぐる問題が政治問題化したとき、わたしはいつもこの飯島さんのことを思い起こしていた。殺戮の肉感的な感触をもろに自分の身体の中に記憶してきた普通の兵士たちの記憶は、結局、戦後公に語られることはなく、せいぜい、酔いにまかせた愚痴のような戯言《ざれごと》の中で独白のように吐露《とろ》されるだけだったのではないか。そこには罪責感もなければ、尊大な自己肯定もない。ただあるのは、悲しいほどにうらぶれた体験への郷愁の感情だけである。それは酒の中に溶け出してひとときの「思い出」としての歴史を追想するのである。その後の飯島さんの消息はわからないままだ。

忘れえない人といえば、「おじさん」と仲の良かった「金子《かねこ》」さんが思い出される。ハンセン病患者の「金子さん」は、「在日」という同じ境遇もあってか、我が家に出入りするようになっていた。

我が家から北に山鹿《やまが》方面に向かう途中に国立の「らい病患者」収容施設として有名な恵楓園《けいふうえん》がある。らい予防法*は今では撤廃されているが、当時は隔離政策が生きており、恵楓園には懲罰のための独居房すら付設《ふせつ》されていたらしい。だが厳しい隔離政策にもかかわらず、あの頃は意外にも患者さんたちが外に出ることもあった。わたしの幼なじみの友達の家が甘酒饅頭屋《まんじゅうや》をやっていて、そこに饅頭を買いにくる患者さんもいた。幼なじみの両親は、親切ないい人たちだった。だから、よけいに忘れられない、あのときの光景が。ひとりの患者さんが人差し指と中指の間にはさんで差し出した百円札を、友人のお母さんが、箸《はし》でつまんで受け取り、蒸し器に入れたのだ。饅頭もざるのようなものに入れて差し出したのではないかと思う。

その光景は、四十年たった今も昨日のことのように覚えている。当時、手を

＊らい予防法―らい病とはらい菌によって起こる慢性の感染症。らい菌の発見者の名からハンセン病ともいわれる。皮膚や粘膜、神経をおかし、特異な容貌を呈することがある。かつて、らい予防法の規定によって、患者は強制的に隔離されていた。予防法撤廃後、誤った規定や偏見による長年の差別に対して患者側が告訴し、国側が謝罪した。

触れてはいけない「アンタッチャブル」扱いされた人々に対する普通の善良な大人の残酷な仕打ちにわたしは衝撃を覚えていた。

そんなこともあってか、「金子さん」が我が家に来るたびにわたしは決まって奥のほうにそそくさと逃げ込んでいた。意味もわからず、ただ得体《えたい》のしれない恐れだけがわたしを駆り立てているようだった。

だが、「おじさん」やわたしの父母はまったく違っていた。父や「おじさん」は、施設から出される廃品の回収も平気だった。微塵《みじん》も恐れやためらいの表情をみせることはなかった。時には、園の中に入って、患者さんといっしょにご飯を食べたり、鍋をつっついたりもした。家の中に呼び入れることも多かった。やはり同じ「在日」を生きるという不遇な意識を共有していたせいか、同情というか、共感のようなものがあったように思う。

彼らには、世の中で「汚いもの」「醜いもの」と思われているものとの接触を恐れない胆力《たんりょく》のようなものが備わっていた。彼らの心優しさは、すさんだ「在日」の境遇の中でも決してなくなることはなかったのだ。いや、そのすさんだ境遇を生きざるをえないからこそ、より不遇な人たちへの共感を強めていったのかもしれない。

父も「おじさん」も今はいない。母ももう八十になり、寝込むことが多くなった。だが「金子さん」は今でも健在であるという。かつて「不治の病」と恐れられたハンセン病に罹患《りかん》した「金子さん」が、長寿を全《まっと》うしようとしているのである。

らい予防法は廃止され、国も謝罪をした。しかし人々の心に巣食う偏見と予断は今もしぶとく生き続けている。「金子さん」の闘いに終わりはなさそうだ。「金子さん」に再会できたら、わたしは自分の過去を深く詫びたい。そして父や「おじさん」たちの記憶をふたりでたどってみたいと願ってきた。その機会はきっと近いうちに訪れるだろう。

「在日」として生きる作法

このころに民族というものをもっとも強くイメージさせたのは、下関のおばさんであった。彼女はいわゆるムーダンである。日本で言うと巫女《みこ》さん。恐山《おそれざん》の「いたこ」*のような存在だ。在日の人の多くは、祖先というものをつねに大切にしていた。祖先崇拝からはじまって、ある種のシャーマニズム*が仏教的なものと結びついたのが、ムーダンたちの一連の儀式である。わたしの母は、信心深い人で、そのムーダンを毎年下関から呼び寄せていた。そのおばさんと、「泣き女」の女性が二、三人。これも「在日」の人だった。

下関のおばさんは、随分と背の高い女性だった。若い頃は人目をひく美人だ

＊いたこ―日本の東北地方北部で死者の口寄せ（霊魂を呼び寄せる術）を行う巫女。

＊シャーマニズム―シャーマンと呼ばれる呪術的職能者を中心として形成される宗教的な形態または現象。韓国の伝統的民族宗教を巫俗（ムソク）と呼ぶが、そのなかでシャーマニズムは重要な部分を占め、現代もその独自性を失っていない。李朝時代に国教とされた儒教は父系的思考が強く、その原理から疎外された女性たちによって韓国のシャーマニズムは強く支持されてきた。

ったと思われる。彫りの深い顔立ち、きびきびとした動き、そして、背筋がピンとして、歩き方が悠然としていた。どこか風格を感じさせる人だった。鬢《びん》をきっちり詰めて、華やかなチマ・チョゴリに身を包み、足もとにはゴムシンというゴム製の白い靴。それで、悠然と家にやってくる。それは、日本の人たちが見ると、異様な光景に映ったに違いない。わたしはそれがたまらなくいやだった。下関のおばさんが来ると、ずっと逃げ回っていた。

このおばさんが、一年に一、二回は必ず吉凶禍福《きっきょうかふく》を占うために我が家にやってきた。二、三日にわたってドラや太鼓に合わせて母が踊り出し、トランス状態になった母は、厄除けと禍福を占う言葉を発しながら家中を徘徊するのである。このときだけはすべての儀式の中心は女性であり、男たちは、ただ周辺の片隅に追いやられて、日頃の威勢をなくしたまま、ちんまりと端座《たんざ》して縮こまっているのである。

占いが凶と出ると、母は非常に恐れ、それを鎮《しず》めるために金峰山《きんぽうざん》に出かけ、そこの滝のようなところで水にあたりながら行《ぎょう》にいそしむのだ。熊本市内から遠く西方にそびえる金峰山は霊山のような趣《おもむき》があると信じられていたのかもしれない。

周りの友人たちからもよく、「鉄男君の家は変じゃなかかね。あんなにドラや太鼓を叩いて……」と、まるで母が気がふれたのではないかと噂された。わたしはただその数日間の儀式が早く終わることを願うだけだった。

成人に達してから後、近くの水源地のある祠《ほこら》にわたしと兄の名前が彫り込まれていることを知って、わたしは母の愛情の深さを改めて思い知ることになった。ふたりの子供の安寧《あんねい》と幸運を祈る母の思いやりがそこにあった。

後年、下関のおばさんが亡くなり、婿養子があとを継ぐことになった。父が亡くなり、荼毘《だび》に付されるとき、その婿養子が最後の声をかけてくれた。それは同時に下関のおばさんからのメッセージだったかもしれない。そのときには、わたしが感じていたかつての反発は、むしろ共感のようなものに変わっていた。

母や下関のおばさんたちの世界、それは、「在日」の中で家父長制的な忍従を強いられていた女たちだけに許される土俗的な聖域だったように思える。そこには家族に対する深い愛情と故郷への思いがこめられていた。それこそが、母たちにとって「在日」として生きる作法だったのではないか。

その儀式はその後も途絶《とだ》えることはなかった。いわば歳時記のように、その季節がくると、必ず下関のおばさんはやってきた。母は丸二日かけて不眠不休で供え物の料理を山ほど作って待っていた。その強烈な「在日」の記憶をわたしは懐かしく思い、同時にそれから遠ざかりたい思いに駆られることもあった。それは、わたしの中で愛憎半ばする経験だったのである。

そういう複雑な思いにつながる、わたしの忘れえぬ人々。今振り返ると、彼らがわたしの記憶を形作っていることに気づかされる。わたしの「故郷」は、そのような記憶の中にあるのかもしれない。

第二章

在日一世が生きた意味

——二人のおじさんの人生

右●一九七二年、韓国・金浦《キンポ》空港にて撮影した写真。はじめて韓国に降り立ち不安な気分だったのを憶えている。韓国の叔父がやさしく迎えてくれた。(写真右より叔父の息子、わたし、叔父、叔父の娘)

右下●熊本市花岡山。真ん中に仏舎利塔が見える。この山のふもとの韓国・朝鮮人集落で、大人たちにかわいがられながらも、どこかアウトロー的な世界で、わたしは幼少時代を過ごした。(熊本日日新聞社提供)

下●熊本で一緒に暮らしていた「おじさん」。民族名、李相寿(イ・サンス)。日本名、岩本正雄(いわもと・まさお)。一九八一年頃。「おじさん」は一年中この同じ姿で、仕事を黙々とこなしていた。写真左は兄の娘。

憲兵となった在日の「エリート」

わたしの半生を語るとき、どうしても欠かせないふたりのおじさんがいる。前章で少し触れたが、ひとりは父のたったひとりの弟で、血のつながった叔父。もうひとりは赤の他人だが、わたしにとっては「第二の父」とも言うべき「おじさん」である。

このふたりは同じ在日一世でありながら、その生き様《いざま》はあまりにもかけ離れていた。

血のつながった叔父は、戦時下の朝鮮人としてはめずらしく、日本の大学で教育を受けていた。敗戦の前の年に憲兵*となり、熊本に赴任した。そこで敗戦を迎えたとき、叔父は自決を覚悟したという。

彼には日本人の妻とその間に生まれた娘がいた。自決を覚悟して撮ったという一家の写真を発見したのは、わたしが大学生になってからである。

セピア色にくすんだ写真には、軍刀を腰に憲兵の腕章をした軍服姿の「凛々《りり》しい」青年と、そのかたわらに乳飲み子を抱いて不安そうな面持ちの和服姿の女性が写っていた。

敗戦の日、それは植民地の人々にとって歓喜に満ちた解放の日であったはず

＊**憲兵**―一八八一年に設置された軍事警察。のちに権限を拡大して、思想弾圧のための監視も行った。

だが、叔父には喜びのときであるよりは、死を突きつけられかねない不運の日だった。追いつめられるように自死をいったんは覚悟しながら、しかし生への未練が捨て切れなかったのか、父の説得を受け入れて、叔父は万日山の防空壕《ぼうくうごう》の洞穴に隠れ、占領軍の追跡を逃れようとしたという。

その後どんな顚末で叔父が家族のもとに戻ってきたのか、よくはわからない。

ほどなくして、叔父は祖国の様子をうかがうために単身、故郷に帰還した。解放の日から大韓民国と朝鮮民主主義人民共和国という分断国家の誕生と熾烈《しれつ》な内戦に至るまで、叔父を迎えた故国は、現代史の悲劇的な混乱の中に叩き込まれることになったのである。

そんな中で再び叔父は軍服を着て法務参謀となり、軍務につくことになった。混沌と荒廃の国土の中で家族との再会の夢を断たれた叔父は、休戦後、弁護士となって、ソウルで法律事務所をかまえることになった。逆境を逆手に取るバイタリティーと不屈の努力のたまものなのか、それとも変わり身の早さなのか、ほどなくして裕福な家庭の子女と結婚し、子供にも恵まれて順風満帆《じゅんぷうまんぱん》の人生コースを歩みはじめていた。

一九七〇年に大阪万博が開かれたとき、叔父は戦後はじめて日本にやってきた。二十数年前に日本に残した妻子を捜したが、結局、みつけることはできなかった。彼が日本にいる間、ずっとかたわらにいたわたしは、敗戦後、韓国に帰ってからの叔父の生活について聞かされた。それは、「告白」に近いものだった。日本で「親日派」の憲兵であったこと、日本に妻子を残してきたことなど、叔父の戦前の記憶は、すべてかき消されていた。叔父はみずからの過去を葬り去ることで祖国で「再生」し、成功をおさめることができたのである。

だがそのために払った犠牲は、家族との離別と記憶の抹殺《まっさつ》だった。それは、自分の半生を消すことで生き延びることができた「エリート」植民地出身者の抱え込んだ闇の世界だった。

それと同じような闇を抱えて解放後、巨大な独裁者として君臨したのは、言うまでもなく朴正煕《パクチョンヒ》元大統領である。叔父は朴正煕ほどの「大物」ではなかったものの、明らかに日本史と韓国(朝鮮)史の境界に追いやられた「鬼胎《きたい》」だった。

これら「鬼胎」たちは、日本史の囲いの中から締め出され、民族の歴史の中にも安住の地を見出せないまま、今も境界をさまよっているように見える。「鬼胎」たちは文字通り「鬼籍」に入り、歴史は無慈悲にも過ぎ去っていこうとしているのである。

父の死後、叔父はまるでその後を追うように亡くなった。家族は離散し、晩年は独り寂しくその生涯を閉じたのである。彼が空白にしてきた日本での記憶は、末期《まつご》の叔父の中にどんな光景としてよみがえったのだろうか。

わたしは彼の「反民族的な」「親日」の過去を断罪する気にはなれない。叔父は断罪されなくても、悲しい記憶をずっと抱きしめて生き続けることで、その過去から応分の報復を受けたに違いない。それを承知で、それでも叔父が消し去った記憶と歴史に再び光をあて、そこから「敗北」と「解放」の、日本と朝鮮半島との、幾重にもねじれた関係のひだを浮き彫りにしたいと思うことがある。それはわたしに残された、重たい「宿題」であると思うからだ。

失郷者として日陰で生きた「おじさん」

まったく対照的だったのは、もうひとりの「おじさん」の半生である。父の弟とは違って、教育らしい教育を受けたことのない「おじさん」は、ずっと文盲のままであった。若いときはヤクザさながらにアウトローの世界で「活躍」していたらしい。

だがやがて身を持ち崩し、身よりもなくわたしの家に身を寄せていた。忙しかった父に代わって、いつもわたしをかわいがってくれた。

「おじさん」の名は、李相寿《イサンス》。日本名、岩本正雄《いわもとまさお》。三十年近く、不覚にもわたしは「おじさん」の本名を知らなかった。あまりにも近くにいて、わたしの半生の記憶の中で計り知れない大きな存在だった「おじさん」についてあらためて詮索するようなことなど、思いもつかなかったからである。

　悲しいことに、「おじさん」が亡くなったとき、わたしははじめて李相寿を知ったのである。身寄りのない「おじさん」を、せめて「本名」で葬ってあげたいという父の切ない思いだったに違いない。そこには声高に民族を語ることはなかった父と「おじさん」たち一世の、深い悲哀の情があった。「おじさん」が李相寿であることを知ったとき、それを思いつかなかったわたしは自分を恥じ、そしてその悲しみの深さを知って号泣した。

「おじさん」がわたしをかわいがってくれたのは、わたしの中に故郷に残したわが子の面影を見ていたからかもしれない。

「おじさん」は気風《きっぷ》がよくて、豪胆で、それでいて欲のない人だった。しかしその「おじさん」が時折みせる憂愁の顔には、孤独の影がさしていた。今にして思えば、それは、妻子を捨て、失郷者の身となった自分への悔恨と望郷の思いの表れだったに違いない。

　それでも、「おじさん」は、自らの不遇な境涯《きょうがい》を愚痴るようなことはなかった。その豪胆な性格がそれを許さなかったのかもしれない。「おじさん」は、それを受け入れ、じっとそれに堪え続けることで、何かしら筋のようなものを通そうとしていたのではないか。そんな「おじさん」でも、心の中に鬱積《うっせき》したものが激しい感情とともに吐き出されることがあった。「おれの国はこんなもんだ。おれの人生もこんなもんだ。でもおれは……」。言葉は途絶え、沈黙の中で「おじさん」は、慟哭《どうこく》していたように思う。

そんな「おじさん」だったが、政治が何よりも好きだった。政治について語るとき、いつも「おじさん」の顔はやや紅潮し、得意げだった。

よくハンセン病の「金子さん」と顔をつき合わせて、政治談義をしていた。「北」に好意的な「金子さん」と、「南」の変化の可能性を信じていた「おじさん」とは、自分たちの家族の安否を案じながら、祖国の行く末について真剣なまなざしで話を交えていたものである。遠くからふたりの姿を見ながら、何かふたりに近寄りがたい雰囲気を感じることがあった。それは、普段の「おじさん」がみせたことのない「大人」の顔だった。

社会情勢やら国際関係やらについて、どこからか情報を仕入れてきて、「おじさん」は、わたしたちに語って聞かせることがあった。だれそれという政治家はここがすぐれている。この政治家はたいしたものだ。こんなことをやってのける政治家は、きっともういないだろう、などなど。

多くの場合、「おじさん」は、「人」に興味を持っていて、「人」から事件や情勢について自分の薀蓄《うんちく》をかたむけるのである。政治評論家も色を失うほど正《せい》鵠《こく》を射た論評が多かったように思う。政治的な直感のようなものを働かせていたのだろう。

政治談義ばかりではない。「おじさん」は、わたしが知らない世界を知るための案内役でもあった。娯楽が乏しく、テレビも高嶺の花であった時代、娯楽を兼ねた社会への窓口は映画で、「おじさん」も大の映画ファンだった。しょっちゅうわたしを映画に連れていってくれた。「おじさん」の自転車の前にまたがって、「ニューシネマパラダイス」さながらに映画館へ向かうとき、わたしの心は弾《はず》んで浮き浮きしていた。

夜道を家路に就く道すがら、わたしと「おじさん」は、観たばかりの映画談義に花を咲かせたものだ。冴え冴えとした月の下、わたしを乗せて、「おじさん」は気持ちよさそうに自転車をこいでいた。心の中が何か温かくなったような気がしていた。

「おじさん」は、家族といっしょに廃品回収や養豚に精を出してくれた。わたしは、「おじさん」の周りにまるで金魚の糞のようにまとわりついて、いっしょに豚の世話をするのが楽しみだった。餌の世話から掃除に至る日課はかなりの重労働だったが、「おじさん」はひたすら黙々と働き続けた。生き物に対する「おじさん」の温かい思いやりを感じたのは、豚の出産のときである。陣痛のなかでうめき声をあげる親豚に対する「おじさん」のいたわりのしぐさが印象に残っている。

「おじさん」の慈悲深いやさしさは、不慮の死を余儀なくされた動物たちにも向けられていた。国道に面した我が家の前で、たびたび犬や猫が車に轢《ひ》かれて無残な死骸をさらけ出していることがあった。急速に増え続ける交通量の犠牲者であった。みんなが目をそむけたくなるような動物の遺骸をそっと拾い上げて筵《むしろ》に載せ、近くの川の土手に手厚く葬ってあげるのは、いつも「おじさん」だった。意味もなく突然の死を強いられる「畜生」の亡骸《なきがら》に「おじさん」は自分の姿を重ね合わせていたのだろうか。とくにかわいがっていた犬が死んだときは、土手から帰ってきた後、黙りこくったまま煙草をふかしている姿が痛々しかった。

わずかな酒でも酔ってしまう「おじさん」の唯一の嗜好品《しこうひん》は、煙草だった。ピースの箱がいつも「おじさん」の後ろポケットに押し込まれていた。わたしは、煙草をふかしている「おじさん」が好きだった。とりわけ広々とした大学のグラウンドの隅でゆっくりと腰掛けて目の前の立田山を漫然と眺めながら、煙草をふかしている「おじさん」の姿が好きだった。

その頃、「おじさん」とわたしは、熊本大学の学生食堂に豚の餌になる残飯を取りに出かけるのが日課になっていた。ふたつの石油缶に残飯を入れ、自転車の荷台に載せて運ぶ道すがら、「おじさん」は決まって大学のグラウンドの隅に自転車を止め、木陰に腰を下ろしてピースに火をつけるのである。フーッと深く息を吐くと、紫煙がぷかぷかと舞うように大空に消えていく。それを追いかけながら、わたしはなぜか無性に幸せだった。わたしの人生の中でこんなに無邪気に幸せだと思ったことはなかったかもしれない。このときの情景がときどきふと目に浮かぶことがあるのだ。

だが今思えば、黙りこくって思案げに山陰のはるか彼方に視線を投げていた「おじさん」の心は、望郷の思いでいっぱいだったに違いない。病院で最期を看取《みと》ったときも、まるでこの世のすべての労苦を吐き出すように「おじさん」はフーッと息をしたまま、逝ってしまったのである。わたしはただ泣き崩れていた。

「おじさん」に会いたい。もう一度。あの悲しみの意味を受け止められなかったわたしは、岩本正雄は知っていても、李相寿は知らなかったのである。わたしは本当の「おじさん」に出会っていなかったのではないか、そんな思いに駆り立てられることがある。李相寿に出会いたい、もう一度。彼に出会うために、わたしは過去に向かって「前進」するしかないのでは……。その思いは年齢とともに強くなっていくような気がする。社会的な発言者としてのわたしの行動を衝き動かしているのは、その思いの強さなのかもしれない。

「おじさん」が亡くなったとき、彼の周りにはほとんど何もなかった。遺品といえば、残飯と豚の糞尿がこびりついたゴム長靴、それから数本残ったピースの缶だけだった。わたしはそれらをみつめながら、「おじさん」の人生とはなんだったのだろう、いったい、なんのために生まれてきたのだろう、と繰り返し自問していた。失郷者として、日のあたらない場所でひっそり生きた「おじさん」。脳溢血《のういっけつ》で突然倒れたときも、介護の手を振り払うようなしぐさをしたという。それは、「もういいよ、おれの人生は」という「おじさん」のサインだったように思う。

わたしに深い影響を与えたふたりのおじさんたち。あまりにも違いすぎるふたりの人生を比べるとき、在日一世が生きた意味を考えてしまう。

歴史が強いた苛酷な人生と言ってしまえば、それまでだ。だが、それに打ちひしがれながらも、ふたりはそれぞれの作法で精一杯生き抜いたのだと思う。苛酷な人生を生き抜いた「鬼胎」たちの記憶を、彼らが生きた場所にとどめておきたい、わたしはそれを願い続けている。

二重三重に引き裂かれたもの

ふたりのおじさんたちの軌跡をたどるとき、幾重にも引き裂かれた彼らの人生の悲哀が浮かび上がってくる。無力感と喪失感が綯《な》い交《ま》ぜになった悲哀の感情である。だがそれに打ちひしがれながらも、彼らは自らの生を生き抜いたのだ。

ただおじさんたちは、統一された自分たちの国をみることはできなかった。それでは、彼らの記憶を抱きしめながら生きてきたわたしのような在日二世はどうか。今もわたしは統一された「祖国」をみる機会に巡り合ってはいない。もちろん、「祖国」と言っても、それはおじさんたちのパトリ(郷土)の延長にあるような「祖国」ではない。わたしのパトリは、生まれ育った熊本である。パトリなき「祖国」は、言ってみれば、肉体なき魂のようなものである。わたしが、「北」であれ、「南」であれ、朝鮮半島を「祖国」と言ってのけるには無理がある。

にもかかわらず、わたしはあえてかっこつきであれ、朝鮮半島を「祖国」と言ってみたい。そう言ってみることで、わたしはおじさんたちとの絆を再発見できるのではないかと思うからだ。わたしの「祖国」は、もしかしたら、彼らの記憶の中に見出せるのかもしれない。

もちろん彼らはもういない。彼らが故郷と異郷の狭間で呻吟《しんぎん》した時代は、確かに終わった。それでも彼らの深い悲哀を生み出した分断の現実は今も続いているのである。その冷厳な現実を直視し、それを終わらせるとき、わたしは再び彼らに出会えるのではないか。彼らに向かってやっとおじさんたちの「恨」を解くときがきましたね、わたしはそう語りかけることができるのである。

今わたしはそこそこの社会的な評価を得、大学の教授になった。おじさんたちとの違いは歴然としている。しかし彼らと本当に出会っていたわけではないのではないかという忸怩《じくじ》たる思いが消えることはない。そして今でも、統一された国をみる機会には恵まれてはいないのだ。わたしを慰めてくれるのは、父母やおじさんたちが示してくれた、逆境に対するずばぬけて「人間的な」生き様である。その意味で「朝鮮(半島)は多くのものを獲得し、また多くを失」ったが、同時にそこには「逆境に対する人間の勝利の注目すべき物語」(ブルース・カミングス、前掲)があったのだ。

もっともその逆境を強いる分断は、今も続いており、全体としての朝鮮半島はまだ回復されてはいない。個人が担うにはあまりにも大きな逆境は、在日二世にとっても暗い影を落としていた。

前にも言ったように、朝鮮戦争の年に生まれたわたしは、小学生の高学年になって歴史や現代社会を学ぶとき、ひどく憂鬱だった。「在日」は、「在日」であること自体が犯罪的であるような、目にみえない雰囲気が社会に充満していたが、それに追い討ちをかけたのは、分断の現実だった。

なぜ父母やおじさんたちの祖国は分断され、いがみ合っているのか。韓国・朝鮮人は、もともといがみ合うことが好きな国民なのか。そういえば、一世たちは感情をあらわにしてけんか腰で罵り合ったり、いがみ合ったりすることが多いように思えてならない。やはりそうだから国が分裂し、同じ民族で殺し合ったりしたのか。なんという「野蛮な」国民なんだ。あらかたこんなイメージや想念が次から次に湧《わ》いてきて、心は重くなるばかりだった。

学校での歴史や社会の時間は、わたしには苦痛であった。教室の中で独り取り残されるような寂寥感に襲われたものだ。なぜ自分は「在日」なのか。どうして父母の国は分断され、おたがいに殺し合いをしたのか。なぜ自分たちは「みすぼらしい」のか。こうした疑念がわたしを不安にしたが、それを口に出して言える友や先生はいなかった。わたしはそれらを心の片隅に押し込む以外になかった。その内的な抑圧は、どこかで不安の影となってわたしをさいなんでいたように思う。

勉強もスポーツもそれなりに目立っていたわたしは、傍目《はため》には快活な腕白少年だったかもしれない。だがその快活さは、時に顔を出す憂鬱な不安によってかき消されることがあった。振幅の激しい少年だったに違いない。

分断の意味やその起源については満足な知識も見識もなかったが、それがどこかで暗い影を落としていたことは間違いない。国家という甲羅《こうら》を奪われた根無し草。帰属すべき国は二つに分断され、異国の地でも同胞相争う「在日」。まるで「歴史の屑《くず》」のようなイメージが広がっていたのである。

そのような否定的なイメージが、どれほど幼い心に暗い影を落としていたのか、周りの「善良な」人々にはおそらく想像もできなかったのではないか。しかもその分断は、日本の歴史と決して無関係ではなかったのだ。

後に旧西ドイツに留学したとき、*東西両ドイツの分断が、人々に暗い影を落としていることに気がついた。もちろん、朝鮮半島とドイツとでは分断の経緯も原因もまったく異なる。しかし、分断された国に生きる人々が、自分たちの存在の根っこの部分で否定的なものを背負わされていることは間違いなかった。どこかで存在自体が否定されているような、暗澹《あんたん》たる気持ちを心の片隅に抱えて生きていかざるを得ないのである。*ナチス・ドイツの暗い歴史がのしかかるドイツの分断は、ある意味では歴史の「報復」と言えないわけではない。しかし朝鮮半島は、長きにわたる植民地支配の犠牲を強いられた地域だった。それだけに分断の歴史は痛ましく、その影は深かった。

子供の頃の思い出をたどるとき、単に懐かしいという以上にメランコリックになってしまう。それは、大人になってからもずっと引きずってきた。どうして、メランコリックになってしまうのか。その答えはやはり、分断に象徴される「在日」の境遇なしには考えられない。

「在日」には複雑な感情がある。「在日」のある若い世代は、「世界中でいちばん好きな国、日本。世界中でいちばん嫌いなのが朝鮮半島。同時に、世界中でいちばん好きな国、朝鮮半島。世界中でいちばん嫌いな国、日本」その両方が

＊東西両ドイツの分断—第二次世界大戦に負けたドイツは、一九四五年、米英仏ソの戦勝四大国に分割占領される。西側の米英仏対ソ連という東西陣営に分断され、四九年、ドイツ連邦共和国（西ドイツ）とドイツ民主共和国（東ドイツ）が生まれる。

＊ナチス・ドイツ—第一次世界大戦後、ヒトラーを党首とした国民社会主義ドイツ労働者党（ナチス）が台頭し、過激な民族至上主義を宣揚。一九三三年にヒトラーが首相に就任すると、ヨーロッパにドイツのヘゲモニーを確立し、ドイツ民族のための広大な生存圏獲得という野望を果たすべく、第二次世界大戦に向かう。その後ユダヤ人大虐殺を行い、ドイツの敗戦で崩壊する。

自分の中にあるという。それは極端に矛盾した言い方であるが、わたしにもそれと似たような感情がある。つまり、日本というのはいちばん好きな国、愛すべき国であると同時にいちばん嫌いな国でもある。朝鮮半島もいちばん嫌いな国だけれど、ある意味で愛すべき国である。そういう状態がなぜこんなにも続くのか。

わたしのメランコリーの根源には、つねにこの分裂の感覚があるように思う。分裂は、暴力によってではなく、「和解」によって癒《いや》されなければならない。もっとも、分裂は完全に統合されることはないかもしれない。しかしそれでも「他者」を自分の中に受け入れ、その「異質性」と共存していくことによってしか、不安を解消することはできないのではないか。いや、不安を根本的に解消することなど、土台無理な話かもしれない。解消できなくても、不安の原因をみつめ、それを受け入れ、抱きしめていくことで心は解きほぐされていくのではないか。

「在日」と日本、「在日」と南北、南北と日本の間にある分裂の「和解」が少しでも成し遂げられるとき、そのときこそ、わたしはおじさんたちにやっと出会えるような気がしている。

南北の共存と統一は、単に分断された国が一つになるという話ではすまない。「和解」のプロセスこそが重要なのだ。南北が「和解」するということは、同時に日本との「和解」にもつながっていくはずだ。そのとき、苛酷だった二十世紀の百年の歴史に別れを告げて、新しい世紀に臨むことができるのではないか。難しい「宿題」だ。しかしそのときにはわたしは「和解」の現場にいたいと思う。それが朝鮮戦争のときに生まれたわたしの夢である。

こうした夢を抱くようになるまでには、わたしはいくつもの紆余曲折《うよきょくせつ》を経なければならなかった。

第三章

「尚中《サンジュン》」が「鉄男《てつお》」を捨てた夏

朝日新聞　昭和48年（1973年）8月9日　木曜日　31483号　（日刊）

朝日新聞

金大中氏（韓国野党元大統領候補）誘かいさる

白昼、都内のホテル

5人組 韓国人？ 短銃と麻酔薬使う

「反朴派」の先ぽう　金氏

金大中氏

日・米で抵抗活

執筆と病気治療で

高砂熱学

右●金大中《キムデジュン》の拉致《らち》事件を一面で報じる新聞。わたしはもとより、多くの在日韓国・朝鮮人の人々に大きな衝撃を与えた事件である。（出所：朝日新聞、一九七三年八月九日付）

下●一九七四年、民青学連《みんせいがくれん》事件への抗議文を駐日韓国大使館前で読み上げる韓文研代表。その後ろに今にも泣き出しそうなわたしがいる（右端）。機動隊に囲まれ、騒然とした中、感極まっていた。（毎日新聞社提供）

小市民化と在日の深い闇

六〇年代の終わり、わたしは熊本を離れ、ひとり上京した。やがて早稲田大学政経学部に入学することになる。時代は、豊かさを手に入れた日本が、先進国の仲間入りをするためのセレモニーを行っている、まさにそのさなかにあった。

大阪万博（一九七〇年）に嬉々《きき》として人々が群がり、お祭り気分が日本中を覆《おお》っていた。東京オリンピックに続く経済大国・日本のデビューのような一大イベントだった。

しかし、そのいっぽうで、やがて浅間山荘事件*や連合赤軍事件*が起こる。これらは、ある時代の終わりを衝撃的に告げる事件であった。それまで大学を中心に活発であった学生運動も、すでに「しらけ」た雰囲気の中で雲散霧消《うんさんむしょう》しようとしていた。そうした中で、「過激派」が仲間をリンチで殺害するという末期的な事件が起きたのである。

革命を叫んでいた者たちの惨劇は、社会に衝撃を与え、「政治の季節」の終わりが訪れつつあった。

わたしにとってとくに浅間山荘事件はショッキングだった。一部始終が生中

＊**浅間山荘事件**―一九七二年二月、アジトを追われた連合赤軍の幹部・坂東国男ら五人が浅間山荘の管理人の女性を人質に籠城、十日間にわたって銃撃戦を展開した。警察の強行突入により人質は救出されたが、警察、民間人に死者を出した。

＊**連合赤軍事件**―浅間山荘事件の逮捕者の供述から、連合赤軍のリンチ殺人事件が発覚。一九七二年三月最高幹部の森恒夫、永田洋子ら赤軍十五人が殺人罪で起訴された。その後、森は自殺、永田は死刑が確定。

継され、日本中がテレビに釘付けになった。わたしもそのひとりで、くいいるようにみていたのを覚えている。事件が終息したあと、わたしはぼんやりと「政治の季節」の終わりがきたことを感じていた。

「革命」という言葉は死語に等しくなりかけていた。それでも大学のキャンパスには、過激なスローガンを掲げた立て看が所狭しと並んでいたが、もはや学生たちを奮い立たせる神通力はなくなっていた。政治から「私生活」へ。それがトレンドになっていた。

学生たちが政治から退却を始めた頃、街はいよいよ小奇麗《こぎれい》になり、小市民的豊かさがもてはやされるようになっていた。未来学*がはやり、日本の社会に希望があふれ始めていた。

けれど、皮肉なことに、日本が明るくなればなるほど、「在日」は深い闇の中に閉ざされていくようだった。日本の社会が「私」の世界へと退却しはじめた頃、「在日」は逆に「政治の季節」を迎えることになるのである。少なくともわたしのような二世にとってそれは疾風怒濤《しっぷうどとう》のような時代の幕開けだった。

田舎から出てきたばかりのとき、東京は巨大な配電盤のように思えた。無数の電流が集中し拡散するすさまじいエネルギーに満ちた大都会だった。その中で自分のようなちっぽけな人間が生きていけるのかどうか不安だった。

巨大エネルギーが放出される大都会には、「ミーイズム*」（私中心主義）的な

＊未来学—一九六〇年代に提唱された、未来社会を予測するための情報を定量的に得ようとする研究だが、その理論はあいまいであった。

＊ミーイズム—自分のことしか考えず、ほかのことには関心を払わない自己中心主義。アメリカで一九七〇年代に生まれた言葉。

雰囲気が蔓延《まんえん》しつつあった。その「ミーイズム」の欲望がアナーキーな輝きとなって都会の夜を照らし出しているようだった。その明るさから取り残されていく心もとなさを感じつつ、わたしはあてもなくさまよっていた。「在日」の影におびえるようにわたしは何かから逃げようとしていたのだ。それまでのわたしの大事な記憶から自分自身が遠ざかっていく浮遊感を覚え、どうしていいのかわからないままだった。大学に在籍してはいたが、授業にはまったく出ていなかった。「何かをしなければいけない。しかし何をしたらいいのだ」。問いは空転し、堂々巡《どうどうめぐ》りの空しい自問の繰り返しだった。

焦燥感がつのるばかりだった。今にして思えば、バブル経済の始まる助走期、その高度成長期の日本に対していらだっていたのかもしれない。小奇麗になっていく周囲の光景に憎しみのような情念を抱きつつ、それからも取り残されていく「在日」の我が身に対するやるせなさと怒りのような感情をもてあましていた。心はすさむばかりだった。内面を吐露できる友もいない孤独感がわたしを憂鬱にしていた。

わたしの前には四つの世界がゆらめいているように思えた。一つは、心の温《ぬく》もりが感じられる一世たちとの記憶の世界。しかしそれは今や背後に消え去っていきつつあるように感じられた。

二つ目は、混沌とした無数の匿名《とくめい》の欲望を貪欲《どんよく》に呑み込みつつ輝き続ける大都会東京の怪しげな世界があった。それは今までわたしが知らなかった世界だった。その世界の中に巻き込まれていきそうな自分が心もとないと思いながらも、その魅力に惹《ひ》かれる自分を発見していた。

三つ目にわたしが発見した世界。それは学問の世界だった。かび臭く古色蒼然としてはいるが、不易《ふえき》の中に久遠《くおん》の理想を見出せるような知的世界にわたしは惹かれていった。「在日」には望みえないインテリジェンスの輝きがそこにはあるように思えたのだ。

だが、実際の大学の講義に失望し、わたしはその輝きがまがいもののように思えて仕方がなかった。その反動だろうか、わたしは書物の世界にそれを求めるようになっていた。図書館の薄暗い洞穴のような世界にいることが心地よかった。心をかき乱す雑音が遮断《しゃだん》された世界の中に安らぎを見出せるような気がしたのである。でもそれも長続きはしなかった。わたしはやはり「生きた」知識を渇望していたのである。消そうにも消せない不安の底にあるものにしっかりと目を向けるためには静寂な図書館の世界だけでは満足できなかったのである。

そして四つ目の世界。それはわたしに闖入《ちんにゅう》してきた民族や「在日」にかかわる世界である。幾度となく「在日」の学生団体からの勧誘を受けたわたしは、戸惑い、躊躇し、逡巡《しゅんじゅん》しながらもその世界の前にたたずんでいた。だが、「在日」から逃げていたわたしには、その世界の扉はあまりにも重かった。その重さの感覚は、わたしの不安とおびえの大きさを反映していた。

　こうしてわたしの中に四つの世界が共存し、きしんでいた。

　普通の学生にとって「政治の季節」は終わりを告げていた。大学は半ばモラトリアム人間の楽園と化しつつあった。そのモラトリアムも、空前の好景気という安全弁によって心地よい時間として保証されていたのである。その保証をたのみに学生たちはキャンパスライフを存分に謳歌《おうか》できたわけだ。もちろん、それに違和感を持つ学生たちもいないわけではなかった。そうした「特権」を自ら放棄し、あえてドロップアウトを決め込む学生もいたのだ。

　だが「特権」を自分の意思で放棄できる「特権」こそ、最大の「特権」ではないか。そんなひねくれた感情的な反発が頭をもたげることがあった。就職への門戸が閉ざされていることを実感したとき、わたしはルサンチマン*のような屈折した感情の虜《とりこ》になっていたのだ。

　その感情がさらに落伍者としての「在日」のイメージを増幅することになった。日本人学生との落差が鮮やかになればなるほど、惨《みじ》めな挫折感が広がり、わたしは何か「犯罪者」になりたいような気分に駆られていた。

　実際、一線を超えて犯罪に走り、それを通じて日本の社会を震撼《しんかん》させた男がいた。「金嬉老《きんきろう》」である。

*ルサンチマン――富裕者に対する貧しい人の恨み、差別者に対する差別される側の憤慨など。

ベトナム反戦などを背景にスチューデントパワーが戦後の先進諸国の豊かさを揺るがしつつあった一九六八年、静岡県内の旅館で数人の人質を盾に籠城《ろうじょう》事件を起こした「*金嬉老事件」は、社会の底辺に追い込まれていた「在日」を暴力的な形であぶり出すことになった。潜在的な「犯罪者」としての「在日」。そのイメージが日本中に広がり、多くの「在日」は沈黙を余儀《よぎ》なくされていた。

この事件はわたしの中に二律背反的な感情の波紋を広げた。よくぞ「在日」という存在そのものを知らしめてくれたという気持ち。しかし「在日」はやはり「犯罪者」ではないのかという深まる疑念。その*アンビバレンスを抱えたまま、わたしは大学生になっていたのである。その癒されない矛盾はその後もずっとなくなることはなかった。むしろ日本人の学生たちとの落差を痛感するたびにその二律背反の感情はより先鋭化していった。「何かをしなければならない。その落差を一挙に挽回《ばんかい》できるような何かを」。焦りは募るばかりだった。

韓国の地に立って

こうして閉塞感《へいそくかん》をどこかで打ち破りたいと思い、思案の末、わたしは韓国を訪れてみようと決心したのである。

***金嬉老事件**—元ブローカーの在日朝鮮人・金嬉老《キムヒロ》が一九六八年二月に借金のもつれから暴力団員二人を射殺後逃走、翌日寸又峡温泉の旅館に宿泊客ら十数名を人質にとってたてこもり、自分の死と引き換えに、幼少の頃から差別を受けた抑圧者として日本社会と国家を告発した。三年余の法廷闘争の後、七五年、最高裁で無期懲役確定。

***アンビバレンス**—愛と憎しみなど、相反する感情が共存すること。

きっかけは、ソウルに住んでいる叔父からの招待だった。日本に妻子を残して韓国に戻った叔父が、妻子を捜すために再び日本を訪れたとき、さかんに韓国訪問をすすめられたのだ。七二年の夏休みだった。

福岡空港から釜山に飛び、国内便に乗り換えてソウルに向かうことになった。釜山近郊の海や山々が眼下にうっすらと見えたとき、わたしの胸は高鳴っていた。と同時に不安もつのっていった。当時「ノンポリ」*だったわたしでも、韓国が独裁政権下にあることくらいは知っていたからである。

空港に着いたとき、一気に緊張が高まった。当時の韓国は入国審査が非常に厳しく、荷物のチェックも入念であった。とくに「在日」に対しては。

その折、たまたま持参していた週刊誌「サンデー毎日」が、検査に引っかかってしまった。たまさか金日成《キムイルソン》のグラビアが掲載されていたのだ。おかげで、わたしは一時事実上の拘束の身となり、いくつかの厳しい尋問のような質問を浴びせられた。「祖国」への熱い思いは、政治の現実によってもろくも粉砕され、韓国の厳しい現実を思い知らされたのである。

動転しながらもわたしはソウルの叔父を電話に呼び出し、当局の係官と話をするように頼んだ。叔父はそれなりの実力者とみなされていたのか、すぐに「解放」され、わたしはソウル行きの国内便に乗り換えることができた。ソウルの金浦《きんぽ》空港には叔父とその子供たちが花束をもって迎えにきていた。

＊**ノンポリ**―ノンポリティカルの略。政治や学生運動に興味を持たない人や、その様子。

それからほぼ一ヵ月近く、叔父の家に逗留することになった。

叔父は羽振りのいい裕福な生活をしていた。壁の上部に有刺鉄線を張り巡らした塀に囲まれた大きな家。ガレージには当時まだ珍しかったベンツが待機し、運転手が起居をともにしていた。ふたりのお手伝いさんが家事全般をまかない、一家の女主人は、病弱を理由に有閑マダムのような生活をしていた。ただ彼女は読書家で勉強家でもあり、日本語が達者な教養人であった。四人の子供たちはすべてソウルでも有名な大学や芸術大学に通っていた。非の打ち所がないような恵まれた家庭だった。

だが一歩外に出ると、街は混沌としてやっと復興がはじまりかけた印象だった。空き缶をぶらさげて素足で物乞いをするストリートチルドレンを多く見かけ、暗澹《あんたん》とした気分になった。

まだ夜間外出禁止令があった時代で、夜になると人っこひとり、通りからいなくなる。ソウルが、韓国が、臨戦態勢下にあるような戦慄《せんりつ》を覚えた。

韓国のあちこちをみて回った。父や母の故郷に行ったり、大学を見学したりした。みるもの聞くもの、すべてがまさにワンダーランドだ。とりわけ、何十人という親戚がわたしをやさしく迎えてくれたことが、印象深かった。本当に大勢の人たちと会ったのだ。

父の母、つまりわたしの祖母にも会えた。といっても実の祖母は早くに亡くなっていて、後妻にあたる人だった。電気も通っていない貧しい農村で、藁葺《わらぶ》き屋根のボロボロの土塀の家で暮らしていた。目がまったくみえない人だった。「アイゴー（哀号）」と泣きじゃくりながら、わたしの顔に頬をあて、わたしの温もりを確かめるように何度も相槌《あいづち》を打っていた。きっとわたしの父、息子のことを思い起こしていたに違いない。

その村はとにかくなにもないところで、夜になると真っ暗になってしまう。最初は驚いたが、しだいにそれが愛着に変わっていった。村の風情《ふぜい》には、子供の頃の「在日」の集落を髣髴《ほうふつ》とさせる趣があったからだ。

だが、その頃の韓国は「開発独裁」がやっと軌道に乗り出した時代であった。情報統制と軍部による強権的な支配が田舎の隅々《すみずみ》に至るまで重苦しい空気を作り出していた。貧富の差は格段に激しかった。とくに農村の貧しさが目をひいた。だから、電気もない貧しい農村の田舎道を走るベンツは異様にみられたに違いない。裸足で着の身着のままの子供たちが車に向かってしきりに手を振る姿が愛らしかったが、ベンツに腰を下ろしている自分が恥ずかしいような気持ちだった。

ソウルでは一つ一つの光景が胸にしみていた。いちばん印象的だったのは、ソウルの夕日だ。叔父の事務所の向かい側の喫茶店から大きな夕日が朦朧《もうろう》としたソウルの下町に没しようとする光景をみたとき、わけもなく心が震えた。

夕方、街の建物からいっせいに吐き出されてくる人々の群れを漫然とみながら、わたしは夕日に染まるソウルの街がいとおしかった。人の群れが夕日に照らされながら家路に向かうシーンは、圧巻であった。ここにも人は生きている、暮らしがある。変哲もないことだが、そう思うと、素朴に感動した。そんなに構えて緊張しなければならないことなんてないんだ。どんなところに生きていても、太陽は昇り、そしてまた沈む。その中で人々の繰り返される生活が営まれている。当たり前のことだ。そう思うと、不自然な力みがなくなっていくようだった。

いろいろな思いを胸にわたしは日本に帰った。そしてわたしは二つの新しいことを決心した。一つは、今まであまり関心のなかった大学内の韓国文化研究会(韓文研)の門を叩くこと。そしてもう一つは、日本名「永野鉄男」を捨てて、「姜尚中」で生きることだった。

「韓国的カテゴリー」の中で

何かが、韓国に行ったことでふっ切れたように思えた。自分の中で変化が生まれたのがわかる。

韓文研は、在日韓国人二世の大学生を中心とするサークルだった。「文化研究会」という名称のイメージとは違って、ある意味で政治色の強い学生団体だった。といっても、それは日本の学生たちのセクトのように、何か特定のイデオロギーを掲げて革命を標榜《ひょうぼう》するような、そうした「前衛」組織とはまったく違っていた。いやむしろ、そうした「革命ごっこ」に対する嫌悪感すら漂う在日二世の自主的な学生組織だった。

　韓文研が、単なる文化活動の同好会から決別するキッカケになったのは、日本を揺るがした*六〇年安保のとき、韓国で李承晩政権を倒した「*四・一九学生革命」の衝撃だった。徒手空拳《としゅくうけん》で独裁政権を倒した韓国の学生たちに続け。その合い言葉の下に「在日」の中に「祖国」の民主化に関心を注ぎ、日本の地でいわば「後衛」としての役割を自覚した学生たちの自主的なサークル、それが韓文研だった。わたしの大学の韓文研は、「在日」の韓文研の中で指導的な役割を果たす組織としての自負心を持ち続けていた。

　わたしが、「北」に対して距離をおき、さらに社会主義に対して全面的なコミットができなかった理由は、そうした韓国学生の思想や実践の影響を受けていたからである。

「われわれは赤色独裁に反対する。その論理の演繹《えんえき》として白色独裁に反対する」。この韓国学生たちのスローガンは、言ってみれば「永久革命としての民主主義」を掲げているに等しい。そのように解釈することは可能なはずだ。人

＊六〇年安保――岸信介内閣による日米安全保障条約の改定交渉開始に反対して、闘争が激化。全国規模でデモ運動が展開され、数万人規模に膨れ上がるなど、近代日本史上最大の大衆運動となる。しかし、六〇年一月に岸首相が強行的に渡米して、新安保条約を調印するにいたる。

＊四・一九学生革命――一九六〇年四月十九日に韓国で起きた学生蜂起。李承晩独裁政権崩壊につながった民主化闘争として韓国現代史に大きな影響を及ぼす。李承晩の不正選挙に対し、学生たちが中心になって大統領退陣を求める大規模デモを行うが、警官隊が発砲し百八十六名もの犠牲者が出る。だがこの後、戒厳軍が武力鎮圧を行わずにデモ行為は続けられ、李大統領は退陣に追い込まれた。

権や自由などを含めた民主化こそが、分断を余儀なくされ、東西対立の前線に立たされた韓国の切実な課題であることを、すでに若々しい学生たちは見抜いていたことになる。

一九六〇年からほぼ三十年が過ぎ、韓国は事実上民主化を達成した。権威主義や保守的な心性が残存しているとはいえ、もはや野蛮な独裁に復帰することは二度とないはずだ。その意味で今でもわたしは韓文研の一員であったことにひそかな矜持《きょうじ》を持っている。たとえわたしの活動など微々たるものであったとしても。わたしの「在日」の核は、この時代の体験を抜きには語りえない。そして何よりもわたしにとって生涯の友との邂逅《かいこう》がかなえられたのだ。

それまで「政治音痴」だったわたしは、今度は過剰な「政治人間」へと転換してゆくことになった。

「在日」はなぜ惨めな状態に置かれているのか、なぜ朝鮮半島は分断されたのか、なぜ韓国では人権や民主主義が蹂躙《じゅうりん》されているのか。そうしたもろもろの問題の根っこに国家や超大国が強いる不条理があり、それが人間の「解放」をはばんでいる。そんな政治的読解の図式がそれまでの政治的思考の空白を埋めるようになった。

そうした解釈が、どんなに拙劣《せつれつ》で単純な図式であったとしても、わたしには新鮮だった。

自分の内面世界に封じ込めてきた「在日」や「祖国」の問題が、俄然《がぜん》、歴史と社会の広大な広がりの中に移し換えられ、外の世界への積極的な働きかけのきっかけをつかんだように思えたのである。わたしはより外発的になり、本来わたしの中に備わっていた磊落《らいらく》さが同じ境遇の仲間の前で外連味《けれんみ》なく表現されるような快感を味わっていた。それは、もうひとりの自分を再発見した歓びだった。

そうだ、もうひとりの自分、「姜尚中」になるのだ。そう思ったとき、わたしは「永野鉄男」を捨てて「姜尚中」を名乗ることにしたのである。

「自分探し」の果てに今まで抑圧してきたものを一挙に払いのけ、新しくよみがえりたい。名前の変更は、その「通過儀礼」のように思われたのである。性急にもわたしは「にわか民族主義者」に「変身」していた。そのような性急さは、逆に言えば、わたしの鬱屈《うっくつ》した世界の深刻さの反動だったに違いない。とくにわたしの中に澱のように沈殿していたのは、同じような在日二世学生の焼身自殺*の衝撃だった。

七〇年、三島由紀夫《みしまゆきお》*の割腹《かっぷく》事件が起きたその同じ年、日本名山村政明《やまむらまさあき》(梁政明《ヤンジョンミョン》)という早大生が文学部正面前の神社で自殺した事件は、わたしを震撼させた。三島の華々しい自死とはあまりにも対照的なわびしくも孤独な死だった。

彼がなぜ死を選んだのか。どんな経緯でそこに至ったのか。彼の遺稿集を読

＊在日二世学生の焼身自殺——一九七〇年十月、早大生の山村政明（韓国名、梁政明）が焼身自殺を図る。遺書に「金嬉老の法廷闘争断固支持」と書かれていたため、金嬉老事件に抗議した自殺と思われた。

＊三島由紀夫の割腹事件——一九七〇年十一月、作家の三島由紀夫が「楯の会」のメンバー四人とともに市谷の陸上自衛隊東部方面総監部の総監室を占拠。天皇中心の国体護持と自衛隊決起を求めたが受け入れられず、益田総監の目前で割腹自殺した。

んだだけでは合点がいかなかった。ただ、彼が大学での様々な運動の挫折の果てに行き場を失い、自殺を決意したらしいということだけはわたしにも理解できた。もちろん、彼の中にわたしと同じような不安がとぐろを巻いていたことも容易に想像できた。

山村青年は、何度か韓文研の門を叩いたことがあったらしい。しかし、彼はすでに「帰化」をして「日本人」になっていた。日本国籍であったため、韓文研の一員にはなりえなかったと聞いていた。彼がその出自に懊悩《おうのう》し、「日本人」にも「韓国人」にもなれない不遇な境遇を呪うようになったとしても決して不思議ではない。わたしもまた、彼と同じように「自分探し」に疲れ果てていたのだから。ただわたしは死を選ばなかった。

どうしてか。父母やおじさんたちとの記憶が、わたしを生への可能性につなぎ止めてくれたのではないかと思う。わたしが臆病であり、生への未練を捨てがたかったとしても、それだけが死への衝動に歯止めをかけたのではないと思う。大人たちから深く愛されてきたという自覚が、わたしを彼岸へと跳躍させる決断を捨てさせたのである。

だがそれにしても、山村政明とわたしとは、紙一重の差しかなかったように思えてならない。そのわずかな差が、わたしを生に踏みとどまらせたのだ。

だからこそ、わたしは鬱屈した情念を吐き出さずにはいられなかった。「鉄男」から「尚中」になることは、それを吐き出し、「新生」するためにどうしても必要な「通過儀礼」だったのだ。

当時、韓文研では「韓国的カテゴリー」ということがいつも語られていた。「韓国的カテゴリー」とは何かと言えば、分断された朝鮮半島のうち、「南」の韓国に足場を置き、その民主化に「後衛」として参加し、同時に「民団」*(在日本大韓民国居留民団)を自主的かつ民主的な権益擁護団体に変えていく運動を指していた。

その原点にあるのは、先にも述べたように六〇年の「四・一九学生革命」である。ただ「在日」は、あくまでも日本に生活の本拠を置いた民族的少数者にすぎない。その意味では「在日」は、韓国の民主化を進める「前衛」ではないのだ。もっとも他方では「在日」だからこそ、逆に南北対立から距離を置き、三十八度線に立った統一への果敢な仲介者の役割を果たしうるという「前衛」思想が一部の「在日」を魅了していた。

しかし観念的に「在日」の境界を超えられても、実際に行動を起こしてみると、「在日」と「祖国」とは千里の距離で隔てられているように思わざるをえなかった。

「在日」は、民族的な散在《ディアスポラ》状態に置かれた被差別的少数者《パーリヤ》でもあるのだ。その冷厳な事実をバネに「祖国」とどうかかわるのか、そのための回路を「韓国

＊民団―大韓民国を支持する在日韓国人の民族団体。朝鮮戦争時には約七百人の在日青年の志願兵を派遣し、北朝鮮の帰還運動に反対する運動を行ったりした。一九七〇年代に韓国の民主化運動をめぐって、総本部と在日本韓国青年同盟、在日本韓国学生同盟などとの内部対立が生まれ、これら反主流派は七三年に民団を除名されている。

的カテゴリー」が示していたのである。

もともと、民団とか総連といった団体は、本国から一方的な介入を受けていた。本国からは、「在日」はどこか「よそもの」扱いされていたのである。

民団も韓国の政変に左右されやすい組織で、当時、本国権力の介入がはじまろうとしていた。

ちょうどその頃、七三年に金大中《キムデジュン》拉致事件＊、翌七四年に民青学連事件＊が起こる。金大中事件のときは田舎に帰省していて、友人から大変なことが起きたからすぐに戻ってきてくれ、と呼び戻された。

金大中事件とは、韓国の民主化運動の指導者であった金大中が、朴政権のKCIAによって東京のホテルから連れ去られた事件である。後に金東雲一等書記官の指紋がホテルからみつかり、韓国のKCIA、闇の機関が実行したことが明るみに出た。にもかかわらず、捜査はうやむやのうちに打ち切られてしまう。そういうことが韓国と日本の間で平然と行われていた。それがショックだった。

そのころの韓国は暗い時代で、「在日」は韓国にとっても「よけいな者」だったに違いない。政治の影が、色濃く反映していた。わたしはこの事件を機に、「在日」は幾重にも重なり合った大きな政治的暴力の中で生きているのだ、というやるせない気持ちを持つようになった。

＊金大中拉致事件—一九七三年八月、東京のホテル・グランドパレスから、朴正熙の政敵・金大中が韓国中央情報部によって拉致されるが、アメリカの介入などで殺害を免れる。韓国政府は介入を否定したが、事件後、日本国内で韓国に対して主権侵害を非難する声が強まり、日韓関係も一時緊張する。

＊民青学連事件—一九七四年四月三日、ソウル大学で反政府集会を行った学生約三十名が警察に連行される。この後、朴正熙大統領が反政府地下組織の民青学連関係者に最高刑死刑を含む大統領緊急措置第四号を発動し、全面的に学生運動を禁圧した。さらに十三日、民青学連指導部の金芝河ら七人に死刑判決を下す。だが、二十日になって金ら五人は無期懲役に減刑された。

それまで、わたし個人は、「在日」のつながりの中で生きてこなかったので、「在日」であることをそれほど深く意識したことはない。東京、大阪、名古屋などは「在日」の集住地域であり、横のつながりや民族学校もあった。熊本にはそれがなかった。言わば民族的な「過疎」地域にいたという後ろめたさのような感情が働いたのか、東京に来て韓文研に入ると、ことさら「在日」であるという意識が強くなったと思う。

それでも、はじめの頃はまだ政治的なことにそれほど関心が深かったわけではない。それが、あの金大中拉致事件で完全に目覚めたのである。「在日」の背後にある巨大な権力の陰の地帯を発見したようで、足がすくむと同時に、内心わくわくした緊迫感を味わっていたのである。この事件で、わたしはやるべきことを見出したと言える。政治だけではなくて、歴史や社会のなりたち、しくみといったものにも目を開かれていった。

山村政明のような悲劇や*朴大統領暗殺未遂事件（七四年に在日の*文世光《ムンセガン》が起こした狙撃事件。陸英修大統領夫人死亡）などで金大中拉致事件に前後して起こり、わたしはそうした一連の衝撃的な出来事を通じて歴史の裂け目から一挙に矛盾にみちたエネルギーが飛び散ってくるような感触がしていたのだ。絶望を希望に変えようとする意思のようなものが醸成されつつあった。

そして七四年に民青学連（全国民主青年学生総連盟の略）事件が起きる。こ

＊朴大統領暗殺未遂事件―一九七四年八月、在日二世の文世光がソウルの光復節（解放記念）式典で朴正煕大統領を狙撃、その流れ弾で陸英修大統領夫人が射殺された。事件の背後に朝鮮総連が絡んでいるとして、韓国政府は大規模な反日デモを組織し、あいまいになっていた金大中事件の政治決着に圧力をかけた。文世光はその年の十二月に処刑され、背後関係の真相は不明のままである。

＊文世光―大阪生まれの在日韓国人二世。一九七四年、朴大統領をピストルで暗殺しようとして失敗、傍にいた大統領夫人を誤って射殺した。同年処刑。

れは詩人であった金芝河らが改憲支持の声明を発表して、七人が死刑判決を受けたが、後に減刑され釈放された事件である。わたしたちは判決に抗議して数寄屋橋でハンガーストライキを行った。このとき、李恢成《*イフェソン》や大江《*おおえ》健三郎《けんざぶろう》といった著名人も参加してくれた。韓国本国の民主化運動が激しくなるにつれ、当局の弾圧も強まる。それに呼応するように、学生組織もラディカルになっていった。

七四年には、やはり民青学連事件の抗議デモを駐日韓国大使館前で行い、その写真が毎日新聞に残っている。抗議文を読み上げるうち、感極まって泣き出した当時の委員長の横に、泣き叫ぶようなわたしがいる。このときはデモの学生より三倍も多い人数の機動隊に囲まれ、大使館には明らかにＫＣＩＡがいた。カメラを構えて、ひとりひとりの写真を撮ったぞと恫喝《どうかつ》されたり、散々な目にあったが、それでも熱気が体中にみなぎっていた。

疾風怒濤の時代を駆け抜けて

そんなことがあって、日本の社会も徐々にではあるが「在日」に目を向け始めるようになっていた。だが、わたしたちにとっては、受難と苦闘の時代でもあった。

＊**李恢成**—（一九三五—　）作家。『砧をうつ女』で在日朝鮮人初の芥川賞受賞。
＊**大江健三郎**—（一九三五—　）作家。ノーベル文学賞受賞。

韓文研は、オルグも積極的に行った。オルグとは、自分たちも同じ「在日」を生きてきたという共感を広げる活動で、具体的には「在日」同胞の家を一軒一軒訪問し、韓国名を名のるように呼びかけたり、学生の在日本韓国学生同盟（韓学同）への加入などを勧誘する日常的な活動であった。当時は「在日」から逃げる学生が多かったのだ。かつてのわたしのように。

だが、これは非常に地味な仕事だった。名簿などから「在日」の学生を捜し出し、ひとりずつ家を訪ねる。が、たいていは門前払い。わたしの場合もそうだったから、拒否する気持ちもよくわかった。何度か訪ねるうちに、やっと話を聞いてもらえるようになってくる。そうした活動を続ける中で、はじめて友と呼べる友人たちもできた。

韓文研を中心とする全国的な組織では、毎年夏になるとサマーキャンプがあって、そこに関西、関東など全国から同胞学生が集まってくる。これがじつに刺激的で楽しかった。

振り返ると、この頃は仲間と酒をよく飲んでいた。あとにも先にも前後不覚になるまで飲んだのはこのときだけだ。鬱積していたものを酒で吐き出していたのだろう。夏の夜などは暑くて部屋が蒸し風呂状態になってしまうから、深夜まで公園で友だちと話しこんで、そのまま寝てしまったり、そんなことがしょっちゅうあった。社会にいきどおり、仲間と議論を重ね、毎日気持ちが高揚していた。まさに疾風怒濤の時代を駆け抜けている、そんな感覚で一杯だった。

そうした生活は、わたしにとっては新しい自分の発見を意味していた。そのきっかけとなったのは、やはり韓国に行ったことである。韓国に行ってすべてはそこからはじまった気がする。そして名前が姜尚中になったことで、さらに活動的になれたように思う。あの時代、わたしはつねにハイテンションだった。今まで味わってきた絶望的な感情を、仲間とみんなで乗り越えようとする思いが、わたしをかりたてていたのかもしれない。

北の楽園、南の独裁

わたしが韓文研に入って活動したのはわずかな期間だったけれど、大きな転換点になったことはまぎれもない。当時は、社会主義を理想とすることが進歩的な学生、あるいは知識人の前提であるかのような空気があった。左翼もしくはそれに連なるような人々以外は、進歩的と見なされなかった時代だ。

その中で、「韓国的カテゴリー」というのは、決して前衛的な考えとはみなされていなかった。そのうえ、あちこちの手足をもぎ取られて、活動も制約されていたのだから、「韓国的カテゴリー」は、ラディカルな学生からみれば、本当に暢気《のんき》で微温湯《ぬるまゆ》につかった学生たちのサークルと思われたに違いない。しかしそうした中で、韓国の民主化に挺身《ていしん》している学生や教会関係者、労働者や政治家を海外から側面的に、なんとか支援したいと必死だった。

しかし残念ながら、当時七〇年代まで、韓国は後進的で、野蛮な独裁国家というイメージであった。かたや北朝鮮は、個人崇拝などが問題になっていたにしても、韓国よりははるかに進んだ社会とみられていた。少なくとも韓国よりもポジティブに受け取られていた。

だから単に「在日」だけではなく、「韓国的カテゴリー」を生きるということが、二重の意味で制約となっていた。どうして韓国なのと、つねに問いつめられていた。場合によっては、左翼用語でいう「民族主義的偏向」を犯している団体と批判されることもあった。

やがて朴政権下で維新独裁体制*がしかれる。それは七二年の南北共同声明*からほどなくしてだった。その維新独裁体制のときに、朴大統領は終身大統領制をしいてしまう。議会も完全に翼賛体制*の支持基盤になってしまった。あの当時、韓国でデモを行うと、場合によっては処刑される可能性もあった。そんな時世に、ソウル大の学生が、「我々は維新独裁体制に対して決起した」との決起文を読み上げてデモに打って出たのだ。これには、みんな驚いた。

同じ世代の学生たちが、独裁体制の中ではじめて沈黙を破った。それは、

***維新独裁体制**―朴正煕大統領は国民の激しい反対を押し切って、一九六五年日韓基本条約を締結。七一年に三たび第七代大統領に就任すると、永久執権をもくろんで七二年、かって例を見ない独裁体制「十月維新」を断行し、暴圧的に民主化運動を弾圧した。

***南北共同声明**―朝鮮統一に関する七項目の基本原則で、一九七二年七月四日に韓国と北朝鮮双方がソウル、ピョンヤンにおいてそれぞれ共同声明として発表した。「七・四共同声明」とも言う。南北統一の三原則（自主的、平和的、民族の大団結）が謳われたが、実質的進展はなかった。

***翼賛体制**―翼賛とは元来、力をそえて天子を助けること。太平洋戦争中の一九四二年、東条英機首相が翼賛政治会を結成し、内閣は他のいか

「在日」の学生たちにとって勇気をもたらす啓示だった。ほぼ同じ世代が、すごいことをしたと思った。それでわたしは、立て看に「韓国における民族の良心」と書いた。あの当時、民族という言葉を書いただけで右翼とみなされる。途端に、学内のある左翼系のセクト*から、はっきりと民族主義的偏向という形で文句をつけられた。わたしはそのときひどく怒って、激しく応酬した。

あの頃のわたしは、学生たちの決起で、なにかハンマーで打ち破られるようなショックを受けたのだ。学生たちは処刑されるかもしれないのに、堂々と主義主張を貫いた。それに比べて自分たちは何をしてるんだと、自分に対して憤っていた。韓国の学生たちと連帯すれば、「在日」と韓国との距離もわずか紙一重のようにも思えることがあった。しかし現実はそうではなかった。「民族の良心」がずいぶん左翼セクトから批判されたのは、当時、韓国をみる目と北朝鮮をみる目が、日本の左翼やメディアの中で乖離《かいり》していたことの証左でもある。現在はそれが反転しているが、わたしは少なくともその当時からブレてはいないつもりだ。

今の北朝鮮に対するネガティブな報道にはすさまじいものがあるが、わたしは当時から北朝鮮をあるがままの現存する社会主義国としてややつき放してみていたように思う。やはり北朝鮮の体制にかなり問題があるのではないか、と疑っていたのだ。それはいろいろな情報ソースで知っていたし、何より、言論

なる政党の存在も許さないという方針を打ち立てた。こうした独裁的な政治体制を意味する。

＊セクト—分派、派閥。自派の主張に固執して他者の主張を聞き入れない態度をセクト主義という。

の自由と民主化が達成されていなければ、人々が自分の運命にかかわるような問題を自由に話せないと思っていた。北朝鮮ではそれが許されていないし、公的な空間が保障されているとは思えなかったのだ。

公的空間とは、言論が自由に許されていて、人々が自分たちの国の運命や社会の将来について自由に発言し、討議できる空間である。わたしたちが求めていたものは、まさにそれである。それこそが、民主化であった。

だから、七二年に南北が共同声明を出したとき、果たして北朝鮮にそういうことを自由に議論する場があるのかと思わざるをえなかった。北にも南にも、明らかにそれはないのだ。まず韓国に、自分たちがその空間をつくる。そのとき初めて南北共同声明の理念が実体化されるのだ。わたしたちはそう信じていた。人々が自由に、自分たちの運命を決定できる国をつくるのだと。それが達成されない限り、どんなに美辞麗句の理念を権力側の人間が述べても、そんなものは絵にかいた餅にすぎない。そうつき離して考えていた。

だが、当時の社会は、今の韓国を北朝鮮に置きかえ、そして今の北朝鮮をかつての韓国に置きかえてみれば、大体わかるような雰囲気だった。だからわたしたちに正当性があるとすれば、南北関係の見方についてずっとブレることはなかったということである。ブレていたのは、日本の世論や国民だったのだ。

それは、日本の社会が南北との関係についてきちっと向き合っていなかったせいだと思う。だからブレが起きてしまったのは、当然かもしれない。左翼やリベラルな知識人も、本当の朝鮮半島をみようとしていなかった。

わたしはこの二十数年にわたって、自分の考えを大きく変えたことは一度もない。もちろん新しい知識を身につけて、微調整したり、揺れ動くことはある。しかし、基本的な筋道は全然ブレていないはずだ。それが正しいか正しくないかは別にして、自分の考えや価値観の根本になるものを八〇年代の終わりまでに、わたしはさまざまな契機を通じて学んだように思う。

その後の二十年は、それをひたすら吐き出してきた二十年であった。

「在日」の不安と吃音《きつおん》とメランコリー

ところでじつは、わたしは吃音だった。話はさかのぼるが、中学生のある日、突然吃音になってしまったのだ。それが、大学に入っても残っていて、人前で話すのが苦手だった。今はもう治っているから、昔を知らない人は信じないのだが、当時は結構つらかった。

韓文研の活動で、声明を読み上げなくてはいけないときや、演説をぶつときなど、とても困った。しかし、どうしてもやらなくてはいけなかったから、仕方なく回数を重ねるうちに、徐々に慣れていったようだ。その後ドイツに行って帰ってきたときには、完全に吃音はなくなっていた。

わたしが「在日」であることと吃音であったことはたんなる偶然の一致ではないように思えて仕方がない。

中学生までは、わたしはごく普通に話せていた。ひどい吃音のクラスメートがいて、ある日、その子のまねをしていたら自分もそうなってしまったのだ。これには、自分ながら驚き、困惑した。どうしてなのかわからない。でも、とにかく、朗読などで冒頭に母音があると発音できない。例えば、「お菓子を食べましょう」などとは言えないのだ。

そのころのわたしは快活で、周りから案外ちやほやされていた。それだけに、吃音はショックだった。不思議なのは、日常会話はまったく問題ないのに、国語の朗読とか何かの発表とかになると、吃音になってしまうのである。言いたいのに言えないことで、わたしの内面に、どんどんもどかしさがたまっていくようだった。

そのことを今振り返ると、わたしが「在日」であったことと無縁とは思えない。吃音は、自分のいる社会からつねに、「在日」という理由で受け入れてもらえないのではないかという不安と、どこかで共振していたように思えるのだ。自分は社会を求めているのに、社会はわたしを拒絶している。そんな違和感がわたしを苦しめていた。

その不調が言語行為にあらわれ、吃音になったのではないか。
＊小林秀雄《こばやしひでお》は日本人とは日本語という母胎にくるまれた存在で、その母胎を通じて日本的な美意識の世界を形づくってきたという趣旨のことを述べているが、わたしはある意味でその母胎となる共同体から拒絶されている感覚を持ち続けざるをえなかったのである。そのはじき出されるような違和感が、身体化され、吃音となって表出したのではないか。うがち過ぎかもしれないが、わたしにはそう思えたのである。
大人になって気づいたのだが、そういえば不思議と、父親と母親に全然訛《なま》りがなかった。母がいくつかのカタカナ語を「正常」に発音できない場合をのぞいて。だから知らない人が聞くと、完全に日本人だと思うはずだ。ところが、いっしょに暮らしていた「おじさん」には訛りがあって、子供心に違和感を抱いていた。本当はそのことをもっと理解してあげなくてはいけなかったのに、小さいときにはそれがいやだった。わたしにとって、愛すべき大事な「おじさん」だったにもかかわらず。

「おじさん」の日本語が上手ではなかったということを掘り下げて考えてみると、周りの世界とうまく関係性が持てないことが、言語に影響するように思えるのだ。言語的身体というか、身体的言語というべきか。社会との関係がうまくとれないと、病理現象が出てくる。それが話す行為にあらわれたのかもしれ

＊小林秀雄―（一九〇二―一九八三）文芸評論家。自我の解析を軸とした創造的批評を行う。

ない。だから、わたしの吃音も、必死になって世界と関係をつくろうとしているのにそれができない、そのもどかしさのあらわれだったのではないか。でも逆に、そのおかげで話すことによる表現に対して格段の強い渇望が生まれたように思う。

ある時期、文学の世界へと入り込んでいったのは、吃音と「在日」のメランコリックなものが結びついていたせいではないか。

例えば、坂口安吾《さかぐちあんご》に惹かれたのは、何か小林秀雄に対するアンチテーゼがあったからだ。ヨーロッパの文学もいろいろ読んだが、とくにボードレールに惹かれた。

吃音だったことで、しゃべれない焦りが文学に向けられたのは確かだが、結果的にそれはよかったと思う。ただ、後年気になるようになったのは、日本ほど文学者を高く持ち上げる国はないということである。研究者より何より、はるかに世の中での評価が高い。そのことに違和感があって、どうしてなのかと考えてみた。

そこには、文学と政治との入り組んだ関係があるように思えてならなかった。著名なハンガリー生まれのある哲学者は、近代のドイツでは政治の貧困が哲学の豊饒をもたらしたといったことを述べているが、この指摘は示唆的である。ドイツでは、近代に入って実際の政治の世界の中で市民革命が達成できなかったために、観念の世界の中で「革命」を成し遂げたというのである。日本の場合、その哲学にあたるのは文学ではないかと考えたのだ。これは、わたしの単なる思いつきかもしれないが、まんざら的外れではないのではないか。

しかも、日本の場合、文学のメインストリームは、美や情の世界だから、結局、政治の美学化が起きたり、政治の世界の中で美や情にまつわるような言葉が幅を利かすことになるのではないかと思ったのである。そして逆に政治とはまったく絶縁しているようにみえる情や美意識が、突然「政治化」し、雪崩《なだれ》を打って「オール政治」に豹変することにもなるのではないか。わたしは日本のナショナリズムのことを考えるとき、いつもこの政治と文学の離反と接合の複雑な関係が念頭に浮かぶのだ。

第四章

ドイツ留学

——故郷と異郷

朴大統領 射殺される
独裁18年 流血の政変 韓国
KCIA部長発砲
夕食会で口論 警護室長ら五人も死ぬ
崔首相が権限代行 全土に非常戒厳令
「突発」…謀殺説も
金部長、なぜ短銃を携帯
クーデター説を否定
西村副総裁の取りまとめ
「尊重」と首相言明
タキザワハム

右●韓国、朴正《パクチョン》熙《ヒ》大統領暗殺を一面で報じる新聞。ドイツに留学中だったわたしは、テレビでこの事件を知り、あまりのショックに真相を確かめたくてか、なぜか近くの郵便局に駆け込んでいた。（出所：朝日新聞、一九七九年十月二十七日付）

右下●ドイツ、エアランゲン大学の友人たちとビールを手に歓談している。わたしと同じような境遇の仲間たちとうちとけ、毎晩のように楽しく議論をかわしていた。（右から二番目がインマヌエル、三番目がわたし）

下●一九七九年、ドイツに留学したての頃。図書館などにこもるような生活をしていたわたしは、灰色の空の下、何かやりきれない思いでいっぱいだった。

逃避行からはじまった留学生活

七〇年代の終わり、疾風怒濤の時代は過ぎ去ろうとしていた。韓文研の仲間は卒業して大学から散っていった。わたしは漠然と大学院に進学する道を選んだ。心の中はまだ整理されず何か不完全燃焼のまま、大学を去る気持ちにはなれなかったのだ。

もっとも友人たちから「おまえは勉強が好きだから、おまえだけでも残って勉強を続けてくれ」と言われたときは、うれしいような、面映《おもはゆ》いような感じだった。大学院での研究は、わたしには文字通りモラトリアムのようなものだった。進むことも退くこともできず、ゆっくりと考えてみる時間が欲しかったのである。

大学を出た仲間たちにとっても、厳しい現実が待ち受けていた。大学を出たのに仕事がない。仕事はあっても、今で言えば「フリーター」に毛の生えたような仕事ばかりだった。疾風怒濤の学生時代が終わって、今度は生きるために働かなくてはいけないのだ。それまでやってきたこととのギャップに悩む仲間もいた。親友のひとりは、日韓貿易の小さな会社にもぐりこみ、商社の孫受けのような仕事につくようになって悩んでいた。当時、日韓貿易といえば、今では想像できないほど細々としたものだった。政府間の癒着や政商の暗躍などが取りざたされていて、不透明でダーティなイメージがまとわりついていたのだ。

仕事をはじめて数ヵ月後、冷静で感情をストレートに出すことの少なかった友人は、わたしといっしょのときも酒を浴びるように飲み、前後不覚になるほど酔いつぶれながら、自分の仕事の矛盾を自嘲気味にぶちまけていた。「尚中、おれは日韓の構造的な矛盾を深める仕事の一翼《いちよく》を担《にな》っているんだ。大学で主張し、やってきたことと反対のことをしているわけだ。どうしようもねえなぁ―」。つらかったに違いない。この友人の死と南北首脳会談*についてはのちに詳しく話そう。

いずれにしても、大学を後にした仲間は、「在日」の厳しい現実のなかで逡巡し、戸惑い、愚痴をこぼしながらも、自分たちの作法で生き抜くことになったのである。韓文研の時代はもはやもどってはこない。しかしそこでの青春は、いつまでも輝いているように思えた。

その輝きと、「在日」の現実の暗さとは鮮明なコントラストを描いていた。そして韓国もまた、軍事独裁の時代の中で凍てついていたのである。

大学院でのわたしの研究テーマは、マックス・ウェーバー*という二十世紀最大の社会科学者の思想史的な意味を明らかにすることだった。わたしは、朝鮮

＊南北首脳会談―二〇〇〇年六月、ピョンヤンにおいて金大中大統領と金正日国防委員会委員長による分断以後初めての南北首脳会談が実現。統一問題の自主的解決、離散家族再会、人道的問題解決などの五項目からなる南北共同宣言を発表した。

＊マックス・ウェーバー―（一八六四―一九二〇）近代西洋合理主義を追究し、なにゆえ西欧にのみ近代資本主義が発展したかを、合理化を促進するものとはばむものとの対比、そしてキリスト教、ユダヤ教、仏教、儒教、イスラム教などの世界宗教の経済倫理の比較研究によって明らかにしようとした。

半島の歴史でもなければ、日本の歴史でもなく、十九世紀から二十世紀にかけて活躍したドイツの社会科学者に関心を持ったのである。

その理由は、わたしが大学に入って最初に読んだ*大塚久雄《おおつかひさお》の『社会科学における人間』(岩波新書)のテーマが、ずっと通奏低音《つうそうていおん》のようにわたしの中に鳴り響いていたからである。

*ローマ・クラブの「成長の限界」が話題になり、*オイル・ショックも手伝って、世界は戦後の高度成長という「黄金時代」の終焉《しゅうえん》に近づきつつあった。とくに、六八年の世界的な反体制運動の広がりとともに、戦後世界を主導してきた根本的な価値観やイデオロギーが懐疑のふるいにかけられ、いわば近代の熱い時代が冷え込みつつあったのだ。

日本でも左翼的な革命運動やその思想の限界が露呈《ろてい》し、陰惨な「内ゲバ」が世間の耳目《じもく》を集めつつあった。連合赤軍事件や浅間山荘事件などが社会を震撼《しんかん》させたことはすでに触れたとおりである。

堅苦しい言葉で言えば、明らかに、「近代主義」といえる価値観や世界観が、体制か反体制かのベクトルの違いにもかかわらず、ともに信任を失いかけていたのである。

科学や技術の発展によって社会をより豊かにし、それを通じて自由や民主主義、あるいは平等や連帯を深めていけるという*「近代主義」の世界像は、右肩

***大塚久雄**—西洋経済史家。K・マルクスとM・ウェーバーの方法論を対立させずに相互補完的なものとしてとらえた独自の「近代化」論を展開し、「大塚史学」を樹立する。また、敗戦直後には丸山眞男らとともに戦後の民主改革をおしすすめる啓蒙思想家として注目された。

***ローマ・クラブ**—一九六八年、民間の科学者、教育者、経済学者らがローマに集まり、環境汚染や人口増加などを議題とする初会合を開き、人類存亡の危機を警告した。その後南北問題などに活動の場を広げる。

***オイル・ショック**—一九七三年十月に勃発した第四次中東戦争が原因で起こった石油価格急騰によって、経済界が大打撃を受けた。

***近代主義**—封建制に反対して、近代的自我の確立などを求める考え。神や伝統の権威

上がりの成長が無限に続くと信じられていた時代には人々を衝き動かす動機づけとなりえた。だが「成長の限界」とともに、そのような信頼は揺らぎはじめていた。

いったい自分たちはどんな時代に生きているのだろうか。わたしの素朴な問いは茫漠《ぼうばく》としていたかもしれないが、より根源的ではあった。「在日」をどう生きたらいいのかという問いとともに、このより大きな問いかけに答えてくれるような知的ストックをわたしは探し求めていたのである。

その手がかりを与えてくれそうだと思われたのが、ウェーバーだった。というのも、彼はそうした「近代主義」という「大きな物語」の起源とそれを支える価値について、もっとも包括的な見通しを残してくれたからである。それは、宗教をフィルターにして社会の成り立ちや人々の価値観に迫っていく「宗教社会学」*の膨大な体系として結実した。

もっとも当初、キリスト教やユダヤ教、イスラム教や仏教、ヒンドゥー教や儒教といった世界の諸宗教を軸に経済や政治、文化や社会を比較検討していく「宗教社会学」は、わたしには随分と迂遠《うえん》な方法のように思われて仕方がなかった。

だが歴史は不思議なものだ。冷戦体制が崩壊して後、俄然、イスラム復興主義*やユダヤ原理主義、あるいはキリスト教原理主義など、さまざまな宗教をキ

を取り払い、人間自身の力で秩序をつくろうとした。宗教より科学を、システムより個体を、エリートより大衆を尊重する精神性が、西欧において科学・市民・産業・教育という四つの革命を引き起こした。

***宗教社会学**—宗教と社会の相互関連、宗教の社会的側面を研究する学問。近代社会を対象としてM・ウェーバーが開拓した。

***イスラム復興主義**—イスラム法の再生をめざし、イスラム世界の宗教復興をはかる考え。その急進的な政治運動として、イスラムの原理を現実社会に適用しようとする「イスラム原理主義」がある。

ーワードとする現象が世界を揺るがすようになり、「神々の闘争」と思えるような価値の相克《そうこく》がクローズアップされるようになったからである。早くからウェーバーをかじっていたことが、それ以後、現代世界を読み解くうえで大いに裨益《ひえき》することになったのである。

さらにウェーバーから学んだことは、自由主義も社会主義も、ともに「近代主義」の世界像を共有しあっており、その意味で社会主義が自由主義に代わる選択肢になりうるわけではないということだった。ウェーバーが社会主義との対決を意識していたことは明らかだった。ウェーバーの社会主義批判がどれほど正鵠《せいこく》を射ているのか、ここで検証するわけにはいかないが、「ウェーバリアン」（ウェーバー礼賛者）と言っていいほどウェーバーにぞっこんいかれていたわたしは、どうしても社会主義の思想やイデオロギーにざらざらとした肌触りの悪さを感じていた。そのためか、わたしは、実際に存在する社会主義国家やその体制に対してほとんど幻想のようなものを持ちえなかったのである。わたしが、「韓国的カテゴリー」に肩入れしたのは、決して偶然ではなかったのだ。

もちろん、体制の優劣を論じてもさほど意味があるとは思えない。問題は、自由主義か社会主義かではなく、その両者が生い立った共通の基盤が問われているからである。

こうしてわたしはウェーバーという巨人の肩に乗っかって近代的な世界とは

なんであり、それはどんな価値や信条の体系によって創造されたのか、またそれはいったいどこへ向かおうとしているのか、こういったかなり原則的な問題を突き詰めたいと思うようになったのだ。

その水先案内をつとめてくれたのが、先にあげた大塚久雄だった。

欧州経済史研究という専門領域を超えて、戦後の日本の社会科学に巨大な足跡を残した大塚久雄は、わたしにとっては雲の上の人だった。そして大学という知的環境への「イニシエーション*」を受けて以来、わたしは大塚久雄の学問の世界を光源にしてそこに照らし出されるウェーバー像をわたしの「ウェーバー体験」の核にするようになったのである。

だが、韓文研での「再生」を通じてわたしには「大塚ウェーバー」への根本的な疑念がむくむくと隆起しつつあった。

大塚久雄の欧州経済史研究の実践的な問題意識は、簡単に言うとこういうことである。

アジアで早熟的な近代化を成し遂げた日本が、なぜあの無謀な戦争に突入し、挙げ句《あく》の果てに壊滅的な敗北を喫したのか、その原因を突き詰めていくと日本の近代化のアポリア（難問）に突き当たることになる。それは、明治維新以降の日本が、「アジア的共同体」の残滓《ざんし》を払拭《ふっしょく》しえないまま、上からの資本蓄積を強行し、国民経済の「近代的・民主的な人間類型」を欠いた近代化に「成

＊イニシエーション――新しい社会集団などに加入する際などに、社会的認知のために行われる通過儀礼。

功」してしまったことを意味していた。その結果、大塚によると、近代の日本は、「国富」と「民富」、「感覚的欲求」と「内面的な自発性」、権威と自由の分裂を抱えたまま資本主義の「特殊な道」をひた走り、敗戦の巨大な破局を迎えたことになるのである。したがって、大塚にとって日本の敗戦とは、「近代的人間類型」の確立と国民的な生産力の再生に向けた僥倖《ぎょうこう》でもあったわけであり、そのような改革への精神的な転換が戦後改革と戦後民主主義の理念に託されていたのである。

あらましこうした筋書きからなる大塚久雄の実践的な問題意識は、戦時期から敗戦、そして戦後に至る日本の近代化とその問題の診断、さらに処方箋の提示という点でよくできたストーリーに出来上がっている。

だがわたしにどうしても合点がいかなかったのは、「アジア的共同体」や「アジア的人間類型」と「近代的人間類型」との比較・対照であった。いったい「アジア的人間類型」とは何をさすのか。それは、伝統的な「魔術の園」にまどろむ「前近代社会」を意味するのか。とすれば、植民地化された朝鮮半島やその「片割れ」である「在日」は、箸にも棒にもかからない「野蛮な」社会になってしまうのではないか。そんなみすぼらしい「アジア的なもの」を一身に背負わされ、「野蛮」のイメージに苦しんできた「在日」は、いったいどうしたらいいというのだ。わたしの中に反発心が頭をもたげていた。

大塚の学問の世界の中に取り込まれたウェーバーは、果たしてそんなことを言いたいためにあれほどの巨大な学問的断片を残したのか。いや、そうではないはずだ。それならば、自分で確かめてみよう。そう思い立ったのが、わたしがウェーバーにのめりこんでいくきっかけだった。

心意気はあったが、実際にはさしたる成果をあげられないまま、わたしは七五年、*ベトナム戦争終結の年、考えあぐねながらも博士課程に進学することになった。もう後には引けない。背水の陣で臨まなければ……。

しかし、研究は遅々として進まず行き詰まっていた。焦りと閉塞感がわたしを悩ました。そんなとき、恩師の藤原保信《ふじわらやすのぶ》先生が、みかねて声をかけてくれたのだ。

「姜君、このままではどうにもならないんじゃないかね。ドイツのわたしの知り合いの先生のもとで勉強してみたらどうだろう。外の空気を吸ったほうがいいと思うよ」

わたしは、恩師の慫慂《しょうよう》を受け止めることにした。それが、わたしにとって第二の人生の転換になるとは思いもよらなかったのであるが……。

ちなみに、恩師は、十年前、五十八歳にして病魔に襲われて他界された。クリスチャンであった先生の洗礼名は、あの*アッシジの聖フランシスコである。その洗礼名にふさわしく、先生はずばぬけた廉直《れんちょく》さと誠実さを備えた理想主義

＊ベトナム戦争—一九五四年のジュネーブ協定により、北緯十七度線で南北に分断されたベトナムに対し、アメリカが南ベトナムに共産主義勢力が拡大するのを阻止するために起こした戦争。泥沼化し、多大な犠牲を出した後、七五年に終結。

＊アッシジの聖フランシスコ（フランチェスコ）—（一一八六—一二二六）イタリア・アッシジの聖人。キリストに従い、清貧と愛に生き、フランシスコ会の創始者としても後代に大きな影響を与えた。

者であった。先生への短いオマージュの中でわたしはこんなふうに先生のことを評していた。「もし『偉大さとは、昔子供であった大部分の者が今は忘れてしまった何ものかを、なお保存し、そして、それを引き続き確証しようとしていることの別名』（エリック・H・エリクソン）であるとすれば、先生こそもっとも優れた理想主義者であったと思います」と。

わたしは、理想主義者にはなれなかった。もっと俗っぽい人間だった。その意味ではわたしは恩師の「鬼子」を自認している。しかしそれでも、わたしなりに昔子供であった大部分の者が今は忘れてしまった何ものかを、ずっと保存するよう努力したいと思ってきた。在日一世たちとの記憶、それがわたしがずっと引き続き確証しようと願ったものである。恩師は、きっとわたしのそんな望みに気づいていたに違いない。激しい叱咤激励の後の柔和な笑顔がそれを示していたように思う。恩師の期待を背にわたしはドイツに旅立つことにしたのだ。

「……今、九月十八日の午前三時。いつものように十一時半には床についたのですが、寝つかれずに思い切って手紙を書きました。例によっての乱筆おゆるしのほどを。……（略）……ではあまり張り切って体をこわさないように。必要なこと、その他あったら遠慮なく連絡のほどを。

*エリック・H・エリクソン　（一九〇二―九四）精神分析学者。アイデンティティの概念を駆使して歴史心理学の分野にも進出。パーソナリティ形成をめぐる社会学的研究に広範な影響を及ぼした。著書に「幼児期と社会」他。

1979年9月18日

姜尚中様

藤原保信」

便りの最後に記された恩師の細やかな心遣いは、くじけかけていたわたしを慰めてくれた。恩師が示してくれた愚直なほどの学問への情熱と弟子への温かい心遣いを、わたしは今もときどき思い起こすことがある。「姜くんには、姜くんなりのやり方があるからね。それで最後までやんなさいよ」。きっとそう励ましてくれるに違いない。

モスクワの「憂鬱」

出発前はとにかくあわただしかった。妻と母の見送りの言葉を背に出国のゲートをくぐろうとしたとき、思いもかけないトラブルに見舞われることになった。「再入国許可」の申請を忘れていたのだ。

出入国管理の女性係官から「このまま出発されますと帰国できなくなります

よ」と告げられたとき、わたしはあらためて「在日」とは、日本という大きな籠《かご》の中のちっぽけな鳥に過ぎないことを痛感させられたのである。

その頃「在日」は、海外に出たら一年に一度、必ず日本に「再入国」する必要があった。そうでないと、二度と日本に戻れなくなる可能性があったのだ。もちろん、「再入国許可証」を添付せずに「出国」すれば、「再入国」の機会は絶たれてしまう。永住権資格をもった「定住外国人」ではなく、通常の一般外国人と同じ扱いになり、「本国」の日本大使館なりでビザを取得しない限り、日本に「入国」することは不可能となる。不安が頭をよぎる。

そのとき、「留学証明書か何かありますか」と尋ねられ、わたしは該当する文書を手渡した。大使館かどこかに連絡をとっていたのか、「大丈夫です。臨時の許可証を発行しておきますから」という答えが返ってきたのだ。わたしは安堵《あんど》したものの、しかし内心は不安だった。本当に大丈夫だろうか。

飛行機に乗ってからも、「二度と戻れなかったら」と思うと、落ちつかなかった。これが「在日」ということなのか。半ば自嘲的になっていた。

ドイツへは旧ソ連のアエロフロートでモスクワ経由でフランクフルトに向かった。

それにしてもなぜアエロフロートを利用することになったのか、詳しい事情は憶えてはいない。格安で、しかも最短距離でフランクフルトにつながっているとだれかに説得されたからかもしれない。それにアメリカと並ぶ軍事超大国の制空圏内を飛ぶのだから、これほど安全なことはないはずだ。

それでも考えてみれば、韓国と旧ソ連邦とは国交がなかったのだから、韓国政府発行の旅券を持つわたしのような「在日」には、ちょっとリスクの多い選択だったに違いない。とくにモスクワで数時間のトランジットを余儀なくされていることを考えると、少なくとも韓国と国交のある国の旅客機を選んだほうが賢明だったはずだ。

それでもあえてそうしなかったのは、経済的な理由ばかりではなかった。韓ソ間に国交がないため、トランジットを利用して空港の外に出ることもかなわないにもかかわらず、モスクワに降り立つというだけで特別な体験を味わえるのではないかと思ったのだ。

アエロフロートの機内は当時でも冴えない感じだった。また搭乗員のサービスもどこかぶっきらぼうで洗練されているとは言いがたかった。色でいえば、くすんだ灰色という感じだった。もっともわたしにはそんなことは別段気がかりではなかったし、出された料理もおいしいと思ったくらいである。

第二次大戦ではスターリンによって国家管理のもとに置かれたアエロフロートは、戦後五〇年代のモスクワ―ストックホルム間の航空便の開設で民間航空として復活し、六〇年代にはモスクワ―東京間も就航するようになり、旧ソ連を代表する航空会社として知られるようになった。旧ソ連崩壊後は、新興財閥に乗っ取られ、その後ロシア政府の事実上の国営になって現在に至っている。

　何やらいくつかの節目で政治に翻弄され続けてきたアエロフロートの姿が浮かび上がってきそうだが、当時も動脈硬化を起こし、停滞からやがて荒廃へと移り変わっていくブレジネフ政権末期の淀んだ空気が搭乗員の様子にもうかがえそうだった。もちろん、その当時は旧ソ連の崩壊など想像もできなかったことだから、わたしはひとえに共産圏ではサービスなど期待できず、人も愛想がないという噂を思い起こしていた程度だった。

　ただモスクワ国際空港のロビー内で数時間過ごすうちにわたしは旧ソ連の停滞というか、疲弊というか、要するに「制度疲労」のような雰囲気を感じずにはいられなかった。後に九〇年代の日本では「制度疲労」という言葉がメディアをにぎわすことになるが、それがぴったりの閉塞感が空港の中を支配していたのである。

　空港の要所要所には、ＫＧＢとおぼしきエージェントが眼光鋭くあたりににらみをきかしていた。その周りはピーンと張り詰めた緊張感が遠くからも感じられるほどであった。

　七〇年代のソ連では、アンドロポフが政治局の正局員になり、政府の最有力のメンバーのひとりになって以来、ＫＧＢと党との一体化が進行し、膨大な監視のネットワークを通じて「異論派」のあぶり出しは言うに及ばず、社会の隅隅に鉄壁の管理体制を敷いていたことはよく知られている。

何よりもわたしが驚いたのは、国際空港のトイレに駆け込んだときである。そのトイレットペーパーの粗末さに唖然《あぜん》としたのだ。それこそくすんだ灰色で、新聞紙のようなイメージのペーパーだったのである。翌年にモスクワ・オリンピック大会（第二二回）を控えた国際空港のトイレのペーパーがこんな調子だとすれば、庶民の生活の窮状は容易に想像できる。

さらに空港内の外国人向けに「高級品」を取り揃えた売店の女性店員の冴えない印象が目に焼き付いている。遠目にみても、透き通るように肌の白いチャーミングな若い女性だったが、その時折みせる笑顔は苦笑のようにゆがんだ印象を与え、憂鬱な影を落としていた。庶民には高嶺の花の高級品が雑然と並び、趣向を凝らした販売の工夫の形跡もないのは、店員たちにそのインセンティヴがないからに違いない。疲れている、それがわたしの直感的な印象だった。

そのような疲弊は、個人的な人格の問題でないことは明らかだ。七〇年代の終わり、ソビエト社会は、停滞の極みに達し、八〇年代に荒廃の一途をたどる「死の舞踏」が静かに、しかし確実に体制とそこに生きる人間を蚕食していたのである。

実際、ブレジネフやコスイギン、スースロフやアンドロポフといった「老いぼれ」の指導者たちが赤の広場を睥睨《へいげい》している姿はメディアでおなじみであった。清新な改革の意思も体力も備わっていない白髪の体制の「守護者」たちは、党と軍、KGBが三位一体になった「ノーメンクラツーラ」(特権階級)の代表者であった。この膨大な特権階級の腐敗と保身が、ソビエト国家という宿主そのものを滅ぼそうとしていたのである。その意味では後のソ連邦の終わりのはじまりが時を刻みつつあったのだ。

ちなみに、ミハイル・ヴォスレンスキーの『ノーメンクラツーラ』ドイツ語初版が世に出たのは一九八〇年であるし、その前後には、東ドイツの「異論者」として西ドイツに追放され、後に緑の党に参画することになるルドルフ・バーロの『もうひとつの選択―現存社会主義批判』が話題になった。もはや時代は、「実在する社会主義体制」の黄昏《たそがれ》を告げていたのである。

とくにソ連邦とその衛星国家群の社会主義体制崩壊の引き金となった事件が七九年から八〇年にかけて続発していることが目をひく。ソ連邦の「ベトナム戦争」とも言うべきアフガニスタン介入がはじまるのが七九年であるし、翌年にはポーランドで「連帯」が結成され、「ソビエト帝国」の有力な衛星国の離反が進もうとしていたのである。わたしのドイツ留学の日々は、奇しくもそうした戦後世界の地殻変動の時期と重なっていた。

確かに時代の変化というものは、後になってみなければわからないことが多い。また歴史の流れに線引きをして分水嶺をもうけることは、多分に後知恵のこじつけになりやすい。

しかしどうしてある年に集中して世界を揺るがすような事件や出来事が続発するのだろうか。なかなか説明がつかないのではないか。ただいずれにしても、そこに時代の転換を読み取ることは可能だろう。越境を通じたわたしの中の変化と、戦後世界の変化とはほぼ同時的に進展していったのである。それはわたしにとって啓示的な偶然であったが、僥倖であったことは間違いない。その後のわたしにとって「歴史的直感」を研ぎ澄ます決定的な機会になったのだから。

モスクワからフランクフルトまでの旅程は詳しくは思い出せない。ただ出発ゲートをくぐるまでのモスクワ空港内のちぐはぐなお役所的手続きには閉口した。乗客はみな不満たらたらだった。わたしはトイレットペーパーの劣悪さから社会主義の荒廃を引き出す論理の飛躍に苦笑しながらも、経験による新しい発見をした気になっていた。

フランクフルトに着いてから早速ローテンブルクに向かうことになった。中世の町並みがそのまま保存され、日本の観光客にも人気のローテンブルクのゲーテ・インスティトゥートでまず語学研修を受けることになっていたからだ。

逃避行のようにドイツに渡ったが、他方で言い知れぬ「エクソダス」*のような解放感もあった。「在日」と日本から離れているという解放感だ。しかし同時にドイツでの留学で何か展望が開けるわけではないという不安がつきまとっていた。それに「出国」のときのトラブルがわたしの気分を暗くした。

ローテンブルクに一ヵ月ほど滞在し、その後、ニュールンベルクから汽車で約二十分のところにあるエアランゲンという、小さな大学町に移った。わたしの留学生活の根城になる学生寮は、町はずれの辺鄙《へんぴ》なところにあった。

わたしは腕試しのつもりでドイツ語の試験を受け、「無条件」でパスしたが、やはり会話は苦手なほうだった。

大学の理数研究所の大きな講義室で留学生向けのドイツ語講座が開設され、日本や韓国、台湾や中国からの留学生も参加していた。

六〇年代終わり頃、朴政権下でドイツ留学の知識人、学生たちが大量に拉致された事件（ベルリン事件）*の記憶が生々しく、わたしはかなり神経質になっていた。西ドイツにも、韓国の影が不気味に忍び寄っているような不安を抱いていたのである。そのせいか、韓国からの留学生や関係者との接触をわたしは避けていた。

軍事政権下の韓国で、ドイツへの留学をかなえるには、情報機関との有形無形のコンタクトなしには不可能ではないかと、必要以上に防衛的になっていた

＊エクソダス―イスラエル人のエジプト脱出。転じて国外脱出。

＊東ベルリン・スパイ事件―「東ベルリンを拠点とした北傀対南赤化工作団」事件の略称。一九六七年七月の韓国当局の発表によると、ヨーロッパに留学していた学生、音楽家、画家など韓国の知識人が東ベルリン駐在の北朝鮮の工作員から資金を受けとってスパイ活動を行ったとされる。事件の拘束者百七人。死刑二人を含む三十四人に有罪判決が下ったが、西ドイツ政府の抗議で被告らは刑を免れた。

のかもしれない。

台湾からの留学生も何人かいた。台湾も韓国も反共国家という点で共通し、どちらも旧東ドイツと国交がなかった。ドイツ語の試験にパスした学生のために大学が企画したベルリンめぐりのツアーにわたしたちは参加できなかったのだ。ベルリンを一度でいいからこの目でみたいと願っていたので残念だった。きっと台湾の学生や韓国の留学生もそうだったに違いない。冷戦の厳しさ、国家と国家の関係の難しさを痛感させられた。

それに較べて日本国籍を持つ留学生たちが当然のようにどこにでも出かけられることが釈然としなかった。彼らにその痛みはわかっていただろうか。

台湾や韓国からの留学生たちは、刻苦勉励型のまじめな学生たちで、はっきりと自分の主張を持ち、大げさに言えば悲壮な決意で留学に来ていた。その彼らの意気込みがわたしにも痛いほど伝わった。日本の学生にはもうなくなって久しい、学生としての使命感、そして勤勉な姿が印象的だった。

彼らから社会主義とか独裁国家とか、そういう通り一遍《いっぺん》の色分けではわからない心意気のようなものを感じていた。

やがて本格的な留学生活がはじまった。まだドイツ語のヒヤリングがパーフェクトではなかったが、授業は学部学生が対象だったために、かなりレベルが低かった。ゼミにも出たけれど、同様に魅力のないものだった。やがてわたしは授業に出なくなってしまう。

自分の部屋に閉じこもり、あるいは図書館で過ごすことが多くなった。ウェーバーの膨大な著作を原典で解読する孤独な作業に没頭したかったのだ。とにかく後に残るような蓄積が欲しかったのである。

やがて人との対話が途絶え、一、二週間にわたって誰とも話をしないときもあった。閉じこもりがちな毎日を過ごしていたのである。

季節はいつしかヴィンターゼメスター（冬学期）を迎え、寒さも厳しさを増す中、異国の地でわびしい日々が続いた。

そういう日々の中で、妻からの手紙を読むのが潤いだった。日本の事情や彼女の近況、おたがいの思いを伝え合った。便りを読むのが楽しみで、朝起きるとすぐに郵便受けをのぞくのが日課になっていた。

木枯らしの冬の夜空に冴え冴えと輝く星をみるのが好きな妻は、こんな便りを送ってくれたことがあった。

「昨日、芳林堂へ『朝日ジャーナル』と『世界』を買いにいったとき、積んであった日記帳に冬の星座表が出ていました。北極星がどこにあるのか、前々から知りたかったので日記帳を開けて調べてみたら、カシオペア座と北斗七星の間にあります。今夜はとても晴れて星がハッキリと見えたので、空をあおいで南にオリオン、西北にカシオペア、東北に北斗七星を探し、北極星をみつけようとしましたが、わからなかったわ。北極星ってうんと明るい星だったわね。今度、プラネタリウムにでも行ってみようと思っていたけれど、熊谷《くまがや》にもできたのよ。あの荒川堤の下にある体育館の隣、もとのテニスコートです。工事中のとき、あなたとあの辺《あた》りを多分歩いたと思うわ。

1980年1月18日

尚　中　様

万里子」

妻と同じく、わたしもドイツの夜空を仰いではわたしに語りかけるように光り輝く星を眺めていた。

妻のことと同時に、父母や「おじさん」のことについても、いろいろ考える機会になった。文字が読めない母にわたしの胸のうちなどを伝えたかったが、文字を介して母と交信することは不可能だった。そのもどかしさと無念さをあらためてわたしは知ったのである。

イラン革命と社会主義の終焉《しゅうえん》

疾風怒濤のような活動の波にもまれた学生の頃とは打って変わって、ほとんど引きこもり状態で、内面世界に沈潜する時間が多くなったせいか、気分は落ち込んで悲観的になりがちだった。

しかし、それは今までできなかった社会科学の古典との対話の時間を恵んでくれたのである。その孤独な「対話」の時間が、その後のわたしの思考スタイルや発想の土台になったと思う。

あくる年の七九年、イラン革命*が起こる。「アッラーは偉大なり(アッラー・アクバル)」を叫びながらイスラム復興主義を唱える群集のうねりは、世界を震撼させ、西側志向の社会・経済的な近代化と非イスラム化(白色革命)を進めていたパフラビー朝のモハンマド・レザー・シャー*が海外へ逃亡することになったのである。

ルーホッラー(神の息)という名のムッラー(宗教者)、アーヤトッラー・ルーホッラー・ホメイニー*がパリから凱旋《がいせん》し、イラン・イスラム共和国が誕生することになった。「イスラム原理主義」という言葉が欧米のメディアに躍り、まるでおぞましいペストの繁殖のように恐れられたのはこの頃からである。

＊イラン革命――一九七九年二月、イランにおけるカリスマ的指導者ホメイニーを先頭に、アメリカの支援を受けたパフラビー朝を打倒し、イラン・イスラム共和国を樹立した革命。同年、アメリカ大使館占拠事件が起き、アメリカとイランは国交を断絶する。

＊モハンマド・レザー・シャー――イランのパフラビー朝第二代国王。国の西洋化と弾圧政治を行い、地主層を解体し農村の直接支配を狙った白色革命を進めたが、一九七九年の革命で追放される。

＊アーヤトッラー・ルーホッラー・ホメイニー――(一九〇〇―一九八九)王政批判で追放されていたが、イラン革命の象徴的存在としてフランスから帰国し、最高指導者となった。

衝撃的だったのは、「アメリカに死を」と叫ぶ群集がアメリカ大使館を包囲し、大使館員――その多くは情報機関のエージェントとみなされ、怨嗟《えんさ》の対象になっていた――を「人質」に、超大国アメリカを挑発する大胆な行動に出たことである。テレビの画面からは、何か身の毛もよだつような狂信主義に煽《あお》られた非合理的な群集心理の恐ろしさを感じざるをえなかった。

だが、そのように感じているわたしが、西側メディアのヒステリックな反応をほとんど鸚鵡《おうむ》返《がえ》しに反復していたのである。

それだけではない。激しく胸を叩きながら怒りをあらわにする群集の光景は、わたしには何かしら既視感《デジャ・ビュ》にあふれていた。そうだ、あの映画だ、「北京の55日」*の光景だ。列強諸国の侵略に苦しむ清朝時代の末、地の底から湧いてきたような義和団の反乱*が、ちょうどテヘランを取り巻く群集の姿とダブっていたのである。怒りと悲惨、奇矯《ききょう》な身振りと「野蛮な」残虐さを連想させる群集のイメージがショートしていた。

映画の中で清朝の宮廷内に暗躍する「満州人」*たちの吐き気をもよおすような魑魅魍魎《ちみもうりょう》のようなキャラクターは、好色漢で血に飢えた嘘つきの腹黒い「下等なアラブ人」(イランはアラブではないが、その違いはほとんど理解されていなかった)のイメージと繋がっているような感じだった。ホメイニーはその象徴的な化身のようにデフォルメ(歪曲・変形)されやすいキャラクターだっ

***北京の55日**―一九六三年製作のアメリカ映画。義和団の乱をテーマに、米軍少佐、イギリス公使、日本軍守備隊長、西太后らが人間ドラマを織りなす。

***義和団の反乱**―十九世紀末の清朝末期に北中国一帯で展開された、民衆の大規模な反帝国主義運動。鉄道や教会などを襲撃していた民衆は「義和団」と呼ばれ、一九〇〇年六月には北京や天津で蜂起し列強に宣戦するが、八ヵ国連合軍に鎮圧される。この事変が列強による中国分割の放棄につながった。

***満州人**―一九三二年に日本の謀略によって中国の東北地方に樹立された「満州国」の中国人。満州国は南満州鉄道の権益拡大を図った日本の傀儡国家であり、清朝最後の皇帝だった溥儀《ふぎ》を擁立し元首においた。

た。

映画も現実も虚実ないまぜになって、「野蛮」で「後れた」民族や文化のおぞましいイメージが無意識のレベルに深く刷り込まれていたのかもしれない。個人としての「中国人」や「アラブ人(ペルシャ人)」は、悪の化身のような怪物的な人物たちによって象徴され、集団としての彼らは、個性のない病理的な群集によって表象されていたのである。

しかし、当時のわたしはそうした異なった文化や社会の表象イメージをめぐる問題に対して随分、ナイーヴだった。素朴に報道やメディアのメッセージを受け入れていたのである。あれほど、「在日」の他律的なイメージに悩まされたことがあるにもかかわらず。

それでも、イラン革命についてのステレオタイプ的なイメージが壊れていくのにさほど時間はかからなかった。

学生寮のイランからの留学生と接触するようになったからである。彼らは、「腹黒い下等なムスリム」でもなければ、「非理性的な身振りの群集」でもなかった。じつに生き生きとした、ときにはひょうきんで機知に富んだ同世代の学生だったのだ。

イラン革命は、アメリカだけでなく、歴史的にイスラムと関係の深いヨーロッパを震撼させ、イスラム脅威論が燎原《りょうげん》の火のように広がりつつあった。ドイツでも事情は同じで、あちこちの壁に「ペルシャ人は出ていけ。豚は消えろ」といった罵詈《ばり》雑言《ぞうごん》の落書きがみられた。だが、留学生たちは一向に意に介さず、じつに堂々としていた。

ある留学生は、西側先進国の道義的な退廃を叱責し、とくにアメリカに対して露骨な敵愾心を露《あらわ》にしていた。それには相応の理由があったのだ。パフラビー時代、自分の目の前で母親が悪名高いサーヴァークによって殺されているのである。この秘密警察に訓練を施していたモサド*やCIAは呪詛《じゅそ》の対象だった。彼にとってイスラエルとアメリカは、それこそ「悪の化身」だったのである。激昂《げっこう》しながらアメリカを罵《ののし》る彼の目には涙があふれていた。おそらく彼の悲惨な経験は、彼ひとりだけでなく、イランに生きる人々の同時代的な苦難となっていたに違いない。その感を強くしたのは、イラン革命一周年を祝う学生寮内の小さな集会でドキュメンタリーをみたときである。

革命の発端から勝利に至る過程で、どれほど凄惨な殺戮による犠牲が強いられたのか、映像はいっさいの感傷を省いて淡々と事実を映し出していく。鎮圧部隊や秘密警察によって殺害されたおびただしい数の死体が運び込まれる安置所を兼ねる病院の中は阿鼻叫喚《あびきょうかん》の修羅場と化していた。医者や看護師は泣きながら黙々と働いている。どれほどの惨劇が繰り返されたのかは、死体の激しい損傷を見れば明らかだった。あまりの凄惨さにわたしはたびたび目をそむけざ

***モサド**―一九五一年創設のイスラエル中央情報局。世界屈指の秘密情報機関。

るをえなかった。また内臓が今にも飛び出しそうな、のたうち回る子供たちの姿などは、正視することすらできなかった。すすり泣きと嗚咽《おえつ》の声があちこちで聞こえてくる。アメリカ大使館を包囲する群集の怒りの裏には、こうした数多くの悲劇があったのである。

　おびただしい犠牲のうえにイランは、君主制からイスラム共和制に移行した。イスラム復興主義の下に三権分立や大統領の直接選挙、民衆の政治参加や立憲主義などが保障されることになった。だがその後、サーヴァークは、やがてサーヴァーマと改名されて、宗教的権威主義による恐怖政治がしかれ、宗教的な純化運動と異端的な要素の摘発と排除、弾圧が展開されることになる。それは、革命に酔いしれ、その抱負を屈託《くったく》なく語っていた留学生たちにとっては新たな悲劇のはじまりだったのかもしれない。

　しかしそれでも、イラン革命は、湾岸諸国の中で相対的に民主化されたイスラム共和制をもたらしたのである。

　イラン革命と時を同じくしてサダム・フセイン*がイラク共和国第二代大統領に就任し、イスラム革命の「輸出」を阻《はば》むように、イラン・イラク戦争を仕掛けていくことになる。湾岸地域でのアメリカの失地回復の切り札としてサダムが注目を浴びるようになるのである。このときのイラン革命にかかわるヨーロッパでの体験が、湾岸戦争*からイラク戦争*に至るわたしの社会的発言の原点に

＊サダム・フセイン—（一九三七— ）イラク元大統領。独裁政治、度重なる平和条約不履行によって西側諸国との軋轢《あつれき》を生む。二〇〇三年の米英によるイラク攻撃後、逃走中に米軍によって身柄を拘束される。

＊湾岸戦争—一九九〇年八月イラクのクウェート侵攻に対し、ブッシュ・アメリカ政権は即時撤退を求める国連決議採択を取りつけ、武力解放のための多国籍軍を結成し、翌九一年一月イラク空爆を開始。日本政府は総額百三十億ドルを支援した。

＊イラク戦争—二〇〇三年三月十九日、フセイン政権が大量破壊兵器の破棄に応じないことを理由に、米英軍がイラクを攻撃。イラク軍の抵抗を受けぬまま五月一日にアメリカ・ブッシュ大統領が一方的に戦闘の終結を宣言した。国際連合の同意なしに強硬に戦

なっている。

その頃、わたしに大きなインパクトを与えたもう一つの出来事があった。それは、社会主義の終焉を実感しえたことである。

きっかけは、先にも触れた*ルドルフ・バーロが、追放同然に列車に揺られて西側に送り込まれてくる様子をテレビでみたことにはじまる。わたしはなぜかその姿に心惹かれ、この話題の人物の新刊本をさっそく手に入れて読むことにした。

『もうひとつの選択』―副題は「現存社会主義批判」である。旧ソ連邦から東欧諸国にまたがる実在する社会主義への痛切な批判だ。読み進むうちに、モスクワでの記憶がよみがえる。社会主義はもう終わったのだ。それをこの知識人ははっきりと示してくれた。わたしはそう確信した。その歴史的な直感は、それから十年後、*ベルリンの壁崩壊で幸か不幸か的中してしまった。

さらに七九年が、戦後という歴史に大きな変化をもたらした転換点であると実感したのは、イギリスでの見聞だった。わずか二週間ほどの短いイギリス滞在だったが、わたしのイギリス行きは、八〇年代を席巻することになる*新しい保守主義の誕生と重なっていたのである。

わたしは、ある母子の安否を尋ねにシェフィールドに赴くことになったのだが、ロンドンからシェフィールドに行くまで、はじめてのイギリスは、くすん

争を始めたアメリカに対し、内外の批判が高まる。また、終結宣言後にイラク情勢は悪化し、米軍はじめ各国軍や民間人などに犠牲者が増え続け、そうしたなかで日本の自衛隊派遣が決行された。

＊ルドルフ・バーロ―（一九三五―一九九七）ドイツのジャーナリスト。現存社会主義を批判し、旧東ドイツで反逆罪に問われる。その後、西ドイツの緑の党の創建に力を注ぐ。

＊ベルリンの壁崩壊―冷戦の最前線に位置していたベルリンを東西に引き裂いていた「壁」が、一九八九年十一月に実質的に開放された。その引き金となったのは、他国を経由して西ドイツに脱出する東ドイツ民衆の激増にあった。翌九〇年十月、予想を超える速さでドイツ統一がなされる。

＊新しい保守主義―サッチャ

だ色に落ちぶれてみえた。剝《は》げ落ちた壁やごみが目立ち、労働争議やストライキが頻発するとともに、経済は低迷し、失業率はうなぎのぼりだった。治安の悪化は目を覆《おお》いたくなるほどで、社会の全体がオイル不足でぎしぎし軋《きし》んでいるようだった。「英国病」*と皮肉られるような荒廃した光景がいたるところにみられた。それは、怒れる若者たちの生態を描いた映画「土曜の夜と日曜の朝」*を髣髴《ほうふつ》とさせる寒々としたシーンだった。

しかし、「英国病」を掃討《そうとう》すると訴える「鉄の女」が、イギリスの新しい顔になろうとしていた。労働党から政権を奪還したマーガレット・サッチャー*が「保守革命」の狼煙《のろし》を上げようとしていたのである。

彼女が連呼していたスローガンは、その後二十年後れで日本の「改革」の先導役をつとめることになるのである。規制緩和と市場原理、競争と成果主義、財政再建と社会福祉の見直し、自由と規律、教育改革と伝統的価値の復権など、「改革」の「在庫目録」は、「サッチャー革命」の焼き直しと言える。

サッチャーの登場が、その後の西側世界に投じた波紋を、もちろんわたしは知る由もなかった。ただ短い滞在ではあったが、イギリスでの体験が、戦後の歴史を塗り替える新たな鼓動のはじまりを知る手がかりになったことは間違いない。

イスラム復興主義、社会主義の終焉、そして新自由主義的な保守革命。それ

ー首相による、サッチャー主義といわれる硬派保守路線。

＊英国病―第二次世界大戦後、イギリス経済は老朽化と停滞に基づく国際収支の危機に陥り、一九六〇年代に入って一層深刻化した。失業率が増加し、悪化の一途をたどるイギリス経済は、かつての栄光にはほど遠く、落ちぶれた姿は「英国病」と呼ばれた。

＊土曜の夜と日曜の朝―一九六〇年製作のイギリス映画。工業都市ノッチンガムを舞台に、工場労働者である若者のやり場のない怒りを描いた社会派ドラマ。

＊マーガレット・サッチャー―（一九二五―　）英国初の女性首相。一九七九年の就任以来、強い個性で十一年半にわたり英国を導き、「鉄の女」の異名を持つ。

までのわたしの知的なストックや実践の経験では到底推《お》し量《はか》れないような新たな歴史のうねりが同時多発的に世界を呑み込もうとしていたのである。わたしは漠然とだが、冷戦体制の崩壊とその後の世界を揺るがす変化の胎動を感じてはいた。しかしその巨大な波紋の破壊力を想像することすら不可能だった。それでも、変化の胎動を遠くヨーロッパの地で実感できたことは、八〇年代以後のわたしの知的な営為《えいい》と社会的な発言にとって決定的に重要な意味をもっていたのである。

朴大統領暗殺、そして光州《こうしゅう》事件

同じ七九年、わたしにとってもっとも忘れられない事件が韓国で起きた。朴大統領が暗殺されたのだ。*わたしは偶然、テレビのニュース番組でそれを知った。棍棒《こんぼう》で強く殴られたような衝撃を受け、頭の中が真っ白な状態になった。喉《のど》が渇き、心臓の鼓動が耳に響くような錯覚を覚えたほどである。朴正煕が殺された。あの朴大統領が……。しかも腹心のKCIA部長によってだ。信じられない。

わたしは半信半疑のまま、部屋を飛び出し、事実を確認するために、どういうわけか駅近くの中央郵便局めがけて走り出していた。懸命に走りながら、驚《きょう》

＊**朴大統領暗殺**―朴正煕は一九七二年に独裁的な維新体制を断行し、民主化運動弾圧を進め、七八年に第九代大統領に就任。しかし、十八年間の軍事独裁に対する民衆の不満が爆発し、政権打倒の声が全国的に広がるなかで、七九年十月、部下の中央情報部長、金載圭に射殺された。同十一月国葬。

天動地《てんどうち》の事件が起きたのに、のんびりと日向ぼっこを楽しんでいる人々がいることを許せないと思った。朝鮮半島にとって、そして「在日」にとっても、世界が底割れするような大事件なのに、この平穏な世界の暢気な光景はなんだ。むやみに腹立たしく思われて仕方がなかったのである。

だが、「極東」の小さな国の独裁者が突然亡くなったからといって、ドイツにとってはどうでもいい話だったはずだ。中世以来、数百年にわたってイスラム世界との確執を繰り返してきたヨーロッパにとってイラン革命が衝撃的だったとしても、「極東」はあまりにも遠く、しかも独裁国家(韓国)は、その当時ほとんどよく知られていなかった。わたしの焦《あせ》りは、空転するばかりだった。

それでもわたしは何かが終わりつつある予感がしていた。疾風怒濤のあの時代——独裁者という巨大な「壁」を少しでも突き崩すことが、自分たちに未来を約束するに違いないと信じきっていた学生時代——が突然幕を下ろそうとしているようだった。そして何かより大きな悲劇がはじまろうとしている暗い予感がしていた。

その予感どおり、身の毛もよだつような無差別の市民殺戮がはじまったのである。

八〇年五月、わたしは、日本への一時帰国前に立ち寄ったハイデルベルクの小さな街角のキオスクでイタリアの新聞一面トップに掲載された衝撃的な写真に釘付けになった。それは、完全武装の兵士たちに数珠繋《じゅずつな》ぎで連行される市民たちのうなだれた姿だった。憤りと悲しみが全身を駆《か》け巡《め ぐ》っていくようだった。「光州事件」*——それは、野蛮な国家暴力のむごたらしい記憶を現代韓国史に刻みつけることになったのである。

独裁者の突然の死とともに訪れた軍部独裁の権力の空白は、一部軍人たちの予防的なクーデターによって埋められることになった。非常戒厳令がしかれ、金大中氏ら有力政治家が拘束されるとともに、光州という反体制的な地域の中心都市がまるごと武装兵力によって包囲され、無差別の攻撃にさらされたのだ。こんなことは、あの朝鮮戦争のときもなかったのではないか。

なぜ、これでもかこれでもかと痛々しい悲劇が繰り返され、尊い人命が失われていくのか。わたしはハイデルベルクの街中をとぼとぼと当てどなくさまよっていた。心中の悲しみとかけ離れた五月の華やいだ美しい街並みが、残酷に思えてならなかった。そのときからだろうか、わたしが春を残酷な季節と感じるようになったのは。

その悲痛な事件から二十年、当時、国家転覆《てんぷく》の陰謀という理由で死刑を宣告された金大中氏は大統領となってピョンヤンの空港に降り立ったのである。劇的で数奇な歴史としか言いようがなかった。悲哀の情は、そのとき、一時ではあれ、癒されていたのである。

*光州事件——一九八〇年五月、全斗煥らの軍事クーデターに抗議して光州市を中心に起こった民衆蜂起。デモ隊は二十万人にものぼり、戒厳軍と武器を持って闘った。犠牲者の数は軍司令部発表で約二百人、民間では約二千人という説もある。

故郷と異郷の狭間《はざま》で

打ちひしがれたドイツでの孤独な生活の中で、わたしの心は塞《ふさ》がれていった。社会への窓がほぼ完全に閉じられ、傍目《はため》には陰気な夢遊病者のようだったかもしれない。きっと進んで社会との交流を断ち切っている「変人」と思われていたに違いない。

その「変人」に声をかけてくれたのが、インマヌエル・スタブロラキスだった。

ひょうきんで愛想がよく、だれにでも親切に気軽に声をかけるインマヌエルは、学生寮の中でもひときわユニークな男だった。

上半身ががっちりとしているわりには小柄なインマヌエルは、大柄な体軀《たいく》のドイツ人学生の中では決して目立つほうではなかった。少なくとも、見場《みば》はそうだった。しかしいったんしゃべりだすと、途端《とたん》にそこだけがパッと明るくなるような陽気な男だった。

しかも、彼は、社交的で人懐《ひとなつ》っこい気さくな人柄であると同時に繊細で几帳《きちょう》面《めん》な性格の医学生だった。部屋の中はいつも整然としてすべてが秩序だっており、そのうえ、文学や芸術への造詣を物語る書籍や写真、レプリカの数々が彩りを添えていた。それらは、*衒学趣味《げんがくしゅみ》的な趣向を誇示するのではなく、部屋の主《あるじ》の多方面にわたる教養の深さと趣味のよさを静かに語りかけているようだった。

インマヌエルは、天性のドン・ファンぶりを発揮するかと思うと、一転して聖母マリアを崇《あが》めるように女性に奉仕する面があり、恋愛やそれに近い関係になった女性だけでもかなりの数に上ったのではないかと思う。

そんな多彩なキャラクターのインマヌエルがやがてわたしのすさんだ心を解きほぐし、わたしを別の世界に導いていく窓口になったのである。彼との交流がなかったなら、わたしの留学体験は、忘却の淵に追いやっておきたい失意の記憶に終わったかもしれない。

大仰《おおぎょう》な言い方かもしれないが、アポロン的な知性とディオニュソス的な明朗さをそなえたインマヌエルは、わたしにはそれまで一度も会ったことのないようなタイプの人間だった。わたしがはまり込んでいた陰々滅々とした洞窟のような世界の中にインマヌエルは、まぶしいばかりの光を投げかけてくれたのだ。わたしは彼に手招きされるように狭い祠《ほこら》から少しずつはい出して外気にふれるようになっていった。

インマヌエルは、食堂でみんなとワイワイ言いながら飲食を共にすることが好きだった。手持ちのビールや食べ物をみんなで分かち合い、談話のひととき

＊衒学趣味―学のあることをひけらかすこと。

を過ごすのだ。彼はいつもきまってレーベンブロイをひっさげて食堂にやってきた。ドイツでも有数のビール会社、レーベンブロイのミュンヘン工場にインマヌエルの両親が働いていて、息子は時々ビールを送ってもらっていたらしい。インマヌエルの両親は、ギリシャ人の「ガストアルバイター」（外国人労働者）だったのだ。

戦後の西ドイツは、一九五五年にイタリアから外国人労働者を導入して以来、六〇年代の初頭以降、地中海沿岸地域に積極的な人集め政策を展開し、六〇年にはスペインについでギリシャと協定を結んでいる。後に第一次石油ショックの影響で西ドイツは、一九七三年、EC加盟国以外からの外国人労働者の募集を停止することになるのだが、それでもこの時期、外国人労働者は二百六十万人にのぼり、その家族を合わせるとなんと四百万人に達していた。

当時からほぼ十年後の、東欧からの移民が増える一九八九年直前、ギリシャ人は、トルコ人、ユーゴスラヴィア人、イタリア人についで四番目に多い三十万人近くに達することになる。二〇〇〇年現在、ギリシャ人は三十六万に増え、しかも欧州連合（EU）加盟国民として選挙権を除けば、内国民とほぼ同じ扱いを受けている。しかし、インマヌエルと知り合った頃はそうではなかった。

当時のドイツには、地中海沿岸の南欧系外国人労働者やその子弟に対する抜きがたい蔑みや差別感が根強かった。もっとも、ドイツ統一後の九二年と九三年に、メルンとゾーリンゲンでトルコ人集合住宅が放火されて、数人のトルコ人女性とその娘たちが犠牲になったように、ドイツ内で不可触賤民《せんみん》的な扱いを受けてきたのは、トルコ人である。その一つの理由は、ドイツではトルコ人はヨーロッパ的な伝統とは異質の「イスラム教徒」とみなされていることがあげられるだろう。逆説的にも、ドイツという環境の中でトルコ人が「イスラム化」し、拒絶され隔離された移民集団(トルコ人)のなかで宗教的伝統が再発見されて、それがさらにドイツ人との断絶を強めていくという悪循環さえ成り立っている。

それと較べるとギリシャ人の場合は違っていた。しかし、それでも当時のギリシャからの労働者やその子弟たちには、差別や偏見、蔑視の重苦しい雰囲気が残っていた。しかも、インマヌエルの両親は、ドイツ語が不自由だったのだから、ドイツ社会との間には目にみえない壁が立ちはだかっていたはずだ。

彼らにはドイツ人の上役たちは、尊大で横柄な、冷たい合理主義者に映っていた。ドイツは、金を稼ぐ国ではあっても、人の温もりの感じられる永住の地とはみなされていなかった。

インマヌエルの両親は、レーベンブロイのミュンヘン工場でもっぱらビール瓶の洗浄や箱詰めの作業に従事していたらしい。それは、オートメ化されているとはいえ、「おじさん」が我が家の廃品回収で集められた空き瓶を整理する作業と似通《にかよ》っていた。そういえば、インマヌエルのお父さんは、わたしの父や「おじさん」を髣髴とさせるような風貌だった。

しかも驚いたことに、彼のお母さんの「おふくろの味」は、韓国料理の蔘鶏《サンゲ》湯《タン》を思わせる味わいのギリシャ料理だったのだ。

ミュンヘンのスラムのようなうらぶれた建物の一角にある両親の住居は、トイレは共用で、薄暗く、寒さが身にしみるようなアパートだった。その寒々とした部屋の中で、冬の雪降る日、わたしは母の手料理を思い出しながら、彼のお母さんの「おふくろの味」に舌鼓《したつづみ》を打っていたのである。そしてブランデーにアニスを漬け込んだ、独特の風味の酒、ウゾの酔いがまわる頃、わたしには彼らがドイツの「在日」のように思え、いつの間にか「異郷」にいて「故郷」にいるような気分を味わったのである。ここにも「故郷」と「異郷」の狭間に生きる人々がいる。インマヌエルの両親とわたしの父母や「おじさん」たちの間に、そしてインマヌエルとわたしの間に何やら目にみえない平行関係のようなものがあるように思えてならなかった。

だがそれにもかかわらず、インマヌエルとわたしの間にははっきりとした違いがあった。なぜなら、わたしには「故郷」と「祖国」が自然に一致するようなアイデンティティが欠落しているからである。

インマヌエルの「故郷」、それはエーゲ海に浮かぶ最大の島、クレタ島である。ヨーロッパ最古の「*ミノア文明」の発祥の地であり、それを今に伝えるクノッソス宮殿はあまりにも有名である。しかも、二千メートル級の雄大な山々が並び、その間に緑豊かな盆地やオリーブの木が生い茂り、また荒涼とした不毛の地や深い渓谷が点在する変化に富んだ島。この多彩な景観に富む島は、同時に、異民族の度重なる苛酷な支配を受けてきた歴史を擁している。クレタ島生まれの作家*ニコス・カザンザキスの『その男ゾルバ』は、そのような風土と歴史の中で生まれたのである。

　インマヌエルは、自分の「故郷」が生んだ国民的作家を心から敬愛し、そして「ギリシャの中でももっともギリシャ的な」クレタを誇りに思っていた。その意味で、インマヌエルは、「パトリオット」（愛国者）だったのである。クレタについて語る彼の言葉の端々からそれが漏れ伝わってきた。インマヌエルにとって、クレタは同時にギリシャそのものであり、そして「パトリ」と「祖国」はほとんどなんの齟齬《そご》もなく重なり合っていたのである。しかも稀有《けう》なことに、そうであることで、彼は、ヒューマンな「コスモポリタン」となっていたのである。

　明らかにインマヌエルには、「故郷」があるのだ。しかも「祖国」と直結するような「故郷」が。

＊ミノア文明―紀元前二十―十五世紀にクレタ島で栄えた文明。エーゲ文明の中心のひとつで、ギリシャ本土にも影響を及ぼした。二十世紀初頭、エヴァンスのクノッソス宮殿発掘によって存在が明らかになる。

＊ニコス・カザンザキス―（一八八三―一九五七）ギリシャ・クレタ島生まれの小説家、詩人。代表作『その男ゾルバ』は映画化された。著作に叙事詩『オデュセイア』など。

しかし「在日」のわたしにはそれがない。その欠落感のためか、インマヌエルがますます輝いてみえた。

それでも、ドイツでは、「われわれ」は、ディアスポラ的*(離散的)な少数者であることに変わりはなかった。

夕日に映えるソウルの街並みをみて何かが吹っ切れたのと同じように、このときもわたしの中で何かが吹っ切れていた。「故郷」と「異郷」の狭間を行き来しながら、わたしは世界史の中の「在日」ということについて考えられるようになっていたのである。「在日」は、決して孤立してはいない。その強い確信がわたしの中に芽生えようとしていた。

日本に帰る頃、わたしの中から孤独な侘《わび》しい感情は消えうせていた。展望はなくても、わたしは生きていける。そう思うと、爽快な気分が満ちてくるようだった。

エアランゲンの駅でわたしを見送るインマヌエルにいつまでも手を振りながら、わたしは青春が完全に幕を閉じていくような感慨に浸っていた。インマヌエル、わが友、さようなら。ひとりつぶやいていた。

***ディアスポラ的**―バビロン捕囚。パレスチナ以外に住むユダヤ人。転じて、父祖の地から離れて遠隔の地に居住する人。

第五章

父の死と天皇の死と

右●一九八九年一月七日。昭和天皇崩御を悼《いた》み、街から灯りが消えた。そのとき、新宿通りにいたわたしはそのあまりに異様な光景と、一緒にいた一世の「これがわたしたちの知っている日本なんだよ」という言葉を今でも忘れられない。（毎日新聞社提供）

下●一九九〇年十一月二十二日から二十三日にかけて、皇室行事として行われた「大嘗祭《だいじょうさい》」をもじって、「大冗談祭《だいじょうだんさい》」という抗議のための祭りを行った。地域の市民など有志数十人でデモを行い、北浦和の公園でお祭りを楽しんだ。（左端がわたし）

平穏な結婚生活からデビュー作出版へ

実際に日本に帰ってみると、わたしは日本のどこにも自分の居場所をみつけ出せず、焦りが募ってくるのがわかった。「在日」に再び復帰するには、外の空気を吸いすぎていたのだ。何もなかったように、「在日」の中に紛れ込むことはもはやできなかった。今日も昨日の連続のような、そして明日も今日の連続に違いないと思わせるような日本社会の超安定ぶりが、わたしの神経を逆なでしているようだった。

帰ってきてもなんの展望もなかった。それはわかっていたことだ。失意の中、妻との新しい生活がはじまった。まったく経済的裏づけもないまま、埼玉県上尾《あげお》市のとある公団住宅で新婚生活がスタートしたのだ。

妻とは大学院生の頃知り合った。妻は、一九七四年の光復節《こうふくせつ》式典で朴《パク》大統領が狙撃される事件が起きたときにソウル大学に留学していた。民青学連事件から大統領暗殺未遂事件と、韓国社会は独裁と民主化の間で大きく揺れ動いていた。大統領を狙撃しようとした犯人は、在日韓国人二世で、しかも犯行に使われた拳銃は日本の警察官の所持しているものだったことから、韓国内に激しい反日運動が燃えさかり、日本人の彼女は、不安な日々を送ったようだ。

その頃は、わたしは連日のように韓国大使館などにデモをかけ、民主化勢力への連帯を叫んでいた。それにしても、狙撃犯は、わたしとほぼ同世代の在日二世だった。なぜ彼はそんな無謀な自殺的行為に及んだのか。多くの謎がつきまとっていた。ただ、背後に目にみえない巨大な権力の構造が暗躍しているように思えた。謀略まがいの暗殺未遂事件だったのでは。犯人の文世光《ムンセガン》という在日二世は、韓国語も満足に話せなかったというではないか。こうした多くの疑問が次から次に湧いてきたことをよく憶えている。

ただそれでも、わたしは何かしら背後から操られていたような狙撃犯に在日二世の「実存的なディレンマ（板ばさみ）」のようなものを感じていた。「何かをしなければ。でも何をしたらいいんだ」。その堂々巡りの焦燥感の中で、死への跳躍にすべてを賭けてみたいと思ったのではないか。その一瞬の虚構のような時間の中で、彼はすべてを取り戻したいと思ったのかもしれない。それは、「死を生き、生を死ぬ」完全燃焼の瞬間だったはずだ。不完全燃焼の思いを残して韓文研を去らねばならなかったわたしは、勝手にそんな空想めいた推測をしていた。

後に作家の*梁石日《ヤンソギル》は、事件をモデルにした小説『死は炎のごとく』（毎日新聞社、後に『夏の炎』と改題されて、幻冬舎文庫に収録）の一節の中で、「主人公」の思いを次のように描いている。

＊梁石日—（一九三六—　）大阪生まれの在日の小説家。話題になった『タクシー狂躁曲』は映画『月はどっちに出ている』の原作。他に『夜を賭けて』『血と骨』など著書多数。

「遺書を書き終えた宋義哲（―文世光）は瞑目した。それから遺書を封筒に入れてノリで封印し、本の中に挟んで書棚に納めた。だが、遺書を書き終えたのに心の中は穏やかではなかった。祖国統一を誰よりも願っているが、祖国に自らの命を捧げるとは、本当だろうか？　獄舎につながれた多くの良心的な民主化闘争に命を賭している兄弟たちと同じ地平に立っているのか？　韓国と日本との現実的な落差の大きさを埋めることはできないのだった。しかし、在日同胞の一人が朴正煕大統領を暗殺に行くこと自体に歴史的な意味があるのだ、と宋義哲は自分にいい聞かせた。それは在日という存在が無視されがちな韓国に対するメッセージでもあるのだ。熱い血の楔を打ち込み、ここに一人の若い在日がいることをしらしめるのだ。幻覚なのか、幻聴なのか、宋義哲は遠い声を聞いた。それは産道を抜けて、この世界に出てきたもう一人の自分の産声のようだった。脱皮していく蛇や蝶のように、いまの自分からもう一人の自分へ脱皮していくのを感じた」。

言うまでもなく、小説はあくまでもフィクションだ。それでも、この主人公の心理描写の中には、在日二世に通じる願望が見事に描き出されている。その意味で悲しいテロリストは、わたしの「分身」だったのかもしれない。もう一人の自分になろうとしてなりきれず、その脱皮への欲動のようなものをかろうじて学問の世界に繋ぎとめていたわたしの。

しかし現実には、その繋ぎとめておくべき世界の中で生きられる保障はほとんどなかったのだ。失意はやりきれない不遇の意識となって、再び社会への反発心に変わりつつあった。

それでも、妻とのつつましい生活にわたしはしばし心の安らぎを覚えていた。ふたりの生活が始まってから一年、長男が生まれた。

長男が生まれたとき、わたしたちは名前を考えあぐねていた。熟考した末に、単純にもわたしの名前の一部をつけて「尚大」(なおひろ、サンデ)と命名したのだ。それが息子にとって好ましい名前であるのかどうかにはあまり気をつかわず、ひたすら「中」よりは「大」になってほしいという親の勝手な料簡だった。

親の名前の一部をつけることが韓国・朝鮮の風習では異例であることは承知のうえで、わたしたちはあえてそうすることを決めた。

以来、息子は、わたしたちにとってもっともつつましい家族生活の時代のかけがえのない一員になったのである。息子の存在は、わたしにそれまで一度も経験したことのない喜びを与えてくれた。同時に、その存在を糧にわたしはますます現実の生活に取り組んでいく必要に迫られるようになったのである。

その頃、恩師の口添えである私立大学の非常勤講師になり、大学の教壇に立つことになった。教壇に立つのはもちろん、はじめての経験だ。

最初の講義のとき、途中でわたしは自分で何を話しているのかわからなくなり、たびたび学生に背を向けるようにして黒板を睨《にら》みながら考え込む始末だった。冷や汗がたらたらと流れてくるのがよくわかる。顔が紅潮し、心臓が高鳴って、過剰な自意識で身動きがとれなくなってしまったようだった。散々なスタートだった。しかし不思議にも終わった後に何かしら達成感のようなものがじわりと身体中に広がっていくのがわかった。

生活を切り詰めながらも、日常的には平穏な日々が過ぎていった。淡々としてドラマはなかったにしても、心休まる日々だった。

家族と向き合う時間も、この頃がいちばん多かった。晴れた日は、よく妻子と三人で近所の公園とか野道を散策した。なんの変哲もない日常の連続だったが、世の中の雑音から遮断《しゃだん》されて、家族の温もりを感じ合えるひとときだった。

恵まれなかったが、なんとか展望が開けそうな予感もあった。気づかぬうちに手がかりをつかみ始めていたのかもしれない。時間があれば、自分の部屋に閉じこもって論文を書き、まとめて出版したいと願っていた。

ほどなくして本の出版が決まった。デビュー作はウェーバーに関する本になった。なぜウェーバーなのかについては、すでに述べたとおりだが、面白いのは、そのデビュー作を手がけてくれた小さな出版社の編集者のことだ。

その出版社は、当時、金大中氏が拉致されるときに宿泊していたホテルの近くにあった。はじめて訪ねたとき、牛乳瓶の底のように分厚いレンズの黒縁の眼鏡をかけて、ぼさぼさの頭を掻きながら対応してくれたのが、T氏だった。まだちらほらとにきびの跡が残る顔にやさしい柔和な笑顔が印象的だった。わたしはすぐに彼に好感をもった。

大学ではロシア語を専攻し、「朝鮮問題」も知悉《ちしつ》していたT氏は、まだまったく無名のわたしのデビュー作のために、あれこれと懇切丁寧にアドバイスをしてくれたのである。装丁にも工夫を凝らして、いいものに仕上がったと自慢していたが、わたしも我ながら立派なものができたと有頂天《うちょうてん》になっていた。誤字脱字がいくつかみつかったが、それでもわたしは満足だった。T氏との出会いがなければ、わたしのデビュー作は日の目をみることはなかったかもしれない。

ただ世間の好景気とは裏腹に、学術的な出版業界は不況にあえいでいた。給料の遅配が続き、T氏は頭をかかえていた。わたしも彼に同情しながら、先行きのみえない将来に不安を隠せなかった。こうして「同病相憐れむ」の連帯感がふたりを繋げていたのである。

それから長い間音信は途絶えていたが、ソ連邦崩壊の後、たまたまテレビでモスクワからロシアの近況を報告する見覚えのある顔に気づいておやっと思った。なんとあのT氏ではないか! 思わず、わたしは素《す》っ頓狂《とんきょう》な声を上げていた。しばらくして、彼は某テレビ局の外信部長になった。今は、事実上の戦乱の中にあるイラクで取材活動をしていると聞いたことがある。

そんな思い出のあるわたしのデビュー作は、最近、文庫*となって復刻された。絶版になって久しいデビュー作は、大幅な書き直しを施されて新しい生命を獲得したのである。今読み返すと、赤面したくなる内容だが、それでも感慨深い思いがしないわけではない。ほぼ二十年の歳月が流れたのだ。その間、わたしのかけがえのない一世たちは、この世を後にした。

『ジャパンアズナンバーワン』のもとで

家族との平穏な日々が続いていた。しかし、時折、ルサンチマンの入り混じったような反発心がその平穏をかき乱すようだった。それは、日本社会に空前の豊かさの中で夜郎自大《やろうじだい》の傲慢さが目立ち始めた頃だった。

エズラ・ボーゲル*の『ジャパンアズナンバーワン』は、まさしくそういう時代を象徴していた。わたしは相変わらず、非常勤で大学で教え、時間をみつけては自宅の小さな机で論文を書き、家庭教師のアルバイトに精を出す日々だった。

***『マックス・ウェーバーと近代』**(岩波現代文庫、二〇〇〇年)

***エズラ・ボーゲル**―(一九三〇―)アメリカの社会学者。近代日本・中国の研究者であり、著書『ジャパンアズナンバーワン』で、終身雇用や技術革新などの日本的なシステムが経済大国をつくりあげたと評価した。

アクセントのない毎日だったが、三人のささやかな家庭生活は、満たされていた。

しかし同時にふと七〇年代はじめのことが思い出されることがあった。小市民的な豊かさが巷《ちまた》にあふれ出した頃、「在日」は取り残されて、落伍者のイメージの中に包まれていた。

そして八〇年代の半ば、今や日本は、アメリカを追い越しそうな巨大な経済大国となり、バブルの宴が連日ここかしこで繰り広げられていたのである。十年前とは違って、「在日」もバブル経済の「おすそわけ」でにわか成金が闊歩しているような有様だったが、わたしにはまったく無縁な世界だった。

この時代は、わたしにとっては胸糞《むなくそ》の悪くなるような八〇年代だったのである。そこには、それまで社会のどこかに感じられていた戦後という時代の重みがなくなり、タガが外れてしまったような無重力状態が現れていた。重力感をなくした社会は、まるで勝手気ままに浮遊しはじめたような感じだった。歴史の不遜な忘却が、ポスト・モダンの華麗な言葉の乱舞とともに、浮ついた軽やかさを彩っていた。

いつか歴史の重力によって「報復」を受ける時代が来るのではないか。そんな予感とも期待ともつかない漠然とした思いを胸に、わたしは家族とのつつましやかな日々を送っていたのである。

指紋押捺《おうなつ》拒否が生んだ出会い

やがて八〇年代の半ば、内外に変化の兆しがあらわれ、わたしの身辺にもその余波が及んでくることになる。

八五年三月、チェルネンコ共産党書記長の後継者としてゴルバチョフ*が登場し、ペレストロイカ志向の改革が打ち出される。最後の「老いぼれ」指導者が没し、起死回生のように弱冠五十四歳の若きゴルビーが、朽ちかけた巨大な「ソビエト帝国」の改革に乗り出したのだ。ドイツ留学で立ち寄ったモスクワ国際空港内の憂鬱な印象を思い出していた。

彗星のようにあらわれた若き指導者は、あの「モスクワの憂鬱」を吹き飛ばすような変革を成し遂げられるだろうか。いや、やはりもう社会主義は終わったのでは……。

「手品師よ、お前は、二度と魂を呼び寄せることはないだろう」。ツァーリズムに止《とど》めをさすようなロシア革命*（第一次、一九〇五年）について書かれたウェーバーの評論の一節がよみがえってきた。実際、この若き改革者は、皮肉にも「ソビエト社会主義帝国」の「墓掘人」になってしまう。旧ソ連邦の消滅と冷戦終結の序曲がはじまろうとしていたのだ。

＊ミハイル・ゴルバチョフ―（一九三一― ）元ソ連大統領。憲法改正と大規模な政治機構改革、いわゆるペレストロイカを推し進めた。一九九一年ソ連共産党の実質的解体を宣言、同年ソ連邦が解体するとともに大統領を辞任。

＊ロシア革命―一九〇五年の革命を第一次、一七年二月（帝政を廃止）と十月の社会主義革命を第二次とした総称。二十世紀初頭のロシアは後進的な農業国で、苛酷なツァーリズムに苦しむ民衆によって革命が勃発した。

そのいっぽうで、同じ年の九月、G5（主要五ヵ国蔵相・中央銀行総裁会議）のプラザ合意*によって円相場は史上最大の上げ幅を記録（一ドル＝二三〇円一〇銭）し、円は事実上世界最強の通貨となった。一ドル＝三六〇円がこびりついていたわたしにとって、その数字は信じられなかった。もっとも、数字だけでは実感がわかなかった。それでも、巷にはバブリーな話がごろごろ転がっているような雰囲気だった。「生活小国」に甘んじているような多くの庶民にとって空《うつ》ろな響きに聞こえたとしても、世はまさに「パックス・ジャポニカ」を謳歌しているようだった。男女の平均寿命も世界一になり、めでたし、めでたしの「扶桑《ふそう》の栄華」といったところである。

「過剰富裕化」社会の中で、陰画のような影の部分に「在日」は追いやられているように思えた。その象徴が、指紋押捺拒否をめぐる当局の強圧的な対応だった。

八四年六月、指紋押捺を拒否した米人女性に対して横浜地裁は外国人登録法違反で罰金一万円の有罪判決を言い渡したが、それに続いて数ヵ月後には東京地裁で在日韓国人にも有罪判決が下り、指紋押捺拒否をめぐる波紋が広がっていくことになる。

そしてあくる年の二月、川崎市は、外国人登録法による指紋押捺拒否につき告発しない旨、明らかにしたが、その数ヵ月後、神奈川県警は在日韓国人李相《イサン》

***プラザ合意**―一九八五年九月のG5で、アメリカの深刻な貿易・財政赤字を受けて、金融市場へのドル安誘導協調介入を合意した。円急騰の原因となり、バブル景気を誘引する。

鎬《ホ》氏を市の告発なしに逮捕した。押捺拒否者に対する「見せしめ」のような逮捕劇だった。日本になぜ韓国・朝鮮人なんかがいるんだ。日本の法律に従わないのならば、日本から出ていって、自分の国に帰ればいいじゃないか。「郷に入っては郷に従え」。あらましこんな反応が大方の世論の風向きだったのではないかと思う。

そのようなとげとげしい世論の空気にわたしは生理的な反発すら感じていた。何やら「在日」を「第三国人」と蔑称していた時代の記憶がしぶとく生き続けているように感じたのだ。一世たちの不遇な境遇のことを思い浮かべ、わたしは指紋押捺拒否というささやかな抵抗に傾きつつあった。

もっとも指紋押捺義務など、どうでもいいじゃないか。問題はそんなところにあるんじゃない。かつて「日本人」だった在日韓国・朝鮮人を、敗戦後、今度は自分たちの都合で勝手に「外国人」とみなし、出入国管理と外国人登録法など、さまざまな法律や行政処分の網の目でがんじがらめにしていることが問題なはずだ。指紋押捺など、ほんのわずかな苦痛を強いる制度に過ぎない。こうした考えが頭をよぎることもあった。

しかし、その「人差し指の自由」すらままならないのだ。「人差し指」にこめた思いを行動で示すべきだ。わたしは思い直していた。そしてその思いを強くしたのは、母の一言である。「やっぱりいかんばい、こがん制度は。なんで泥棒のごつ扱われるとかね。オモニも押さんけんね」ときっぱりと断言したのだ。わたしは少々驚いたが、同時に勇気づけられた。

こうしてわたしは埼玉県で指紋押捺拒否の「第一号」となってしまったのである。その頃、偶然知り合いになった地域の市民運動家のKさんなどが、知り合いの地元の記者などに呼びかけて、小さな記者会見のような場を用意していた。わたしはその場で自分の思いのたけの一端を述べることになった。

あくる日、なんと地元紙の一面トップに写真入りでわたしのことが記事になっていたのである。驚きと同時に、内心、これは困ったと不安になった。非常勤講師で定職のない我が身にやっかいなお荷物を背負い込んでしまったのではないか。後悔の念が頭をよぎる。

しかしもう賽《さい》は投げられたのだ。やってみるしかない。

拒否の「第一号」という「名誉」のせいか、わたしは、地元の市民サークルや運動家、市の職員や教員、組合関係者などに知られるようになった。そしていつの間にか、わたしの周りには支援者の輪ができるようになったのである。

市の職員や高校教師、市民運動家や組合活動家、フリーターやジャーナリスト、塾の講師や陶芸家など、さまざまな職業をもった上尾市民が、わたしを支援・激励する輪に参加するようになった。

わたしは自分の生きている地域の現場ではじめて「住民」と出会った気がし

ていた。バブリーな豊かさが日本を覆う世相の中で、よくよく目を凝らしてみると、地域の現場でさまざまな問題と取り組んでいる「住民」たちがいたのだ。それは、わたしにとって新鮮な発見だった。日本といっても、一枚岩ではない。その中にはメディアに浮上することもなく無視され続けてきた「住民」たちの歴史があったのである。

わたしは、「在日」が同じ目線で顔のある「住民」としての日本人とはじめて出会ったように思った。少なくとも、それが今始まろうとしているような予感を持ったのである。「共生」という言葉が合言葉になろうとしていた。

そんな中、とくにわたしを精神的に支えてくれたのが、上尾合同教会の土門《どもん》一雄《かずお》牧師だった。先生――そのときからわたしはそう呼んでいた――は、地域で市民運動の先頭に立つような活動的な牧師だった。雄弁な話しぶりと溢れるような情熱、そして歴史や社会への深い洞察と、それを支える強い信仰。年齢よりも成熟しているように見える土門先生には、いささかカリスマ的な雰囲気が漂っていた。

その土門先生の自宅でたびたび、わたしと支援者は集うことになった。埼玉県の「在日」の歴史や外国人登録法の沿革や現状、市役所の対応や現場の動きなど、いろいろなことが話し合われ、時には歓談に夢中になって夜遅くまで話し込むこともまれではなかった。

当時の土門先生は、心臓を患い、顔色も土色で生彩がなかった。市役所の窓口までわたしを「エスコート」されるときなど、先生の足取りが重く、逆にわたしが先生を「エスコート」しなければと思ったほどだ。しかし、やがて病気が恢復《かいふく》に向かうにつれて、先生に生気がもどり、魂の「牧会《ぼっかい》」であると同時に地域市民のリーダーでもある先生の潑剌《はつらつ》とした姿がよみがえってくることになる。

押捺拒否から一年、わたしは市の告発なしに逮捕された李相鎬氏と同じ苦境にあえて身を置くのか、それともそれを回避するのか、そのディレンマに立たされることになった。

逮捕を覚悟すれば、わたしの抵抗は、より大きな反響を呼び、支援者の輪も広がって、「拒否運動」にも弾みがつくに違いない。また個人的にもちょっとした「ヒーロー」扱いをうけるはずだ。何よりも、そうすることで、わたしの抵抗は首尾一貫することになるのだ。

だが、生活のメドすら立たない「オーバードクター」の身で、果たしてそんな「リスク」を抱え込めるだろうか。

いや、そもそもどうしてそんな苦境をわたしが引き受けなければならないのだ。一世はもちろん、二世も、これまでさまざまなしわ寄せをこうむってきたではないか。「在日」が「犠牲」を甘受することで持続する「運動」なんて、いったい何になるのだ。わたしは心の中で煩悶していた。

わたしの中の迷いに気づいたのか、支援者の中に動揺が広がろうとしているようだった。選択の日が迫っていたのだ。わたしの「決断」を告げるときがきた。わたしの心は決まっていた。押捺だ。心残りではあるが、そうせざるをえないと決めていた。

だが、わたしがそのことを告げると、集まった支援者の中にも重苦しい空気が広がっていった。

ある市の職員を務めている支援者がやや失望の色を隠せない様子で口を開いた。「この指紋押捺制度を撤廃する運動は、やはり当事者の告発と抵抗があってはじめて継続していけるんじゃないかな。姜さんががんばる限り、わたしも支援を惜しまずにがんばりたいと思ってきたんだけれど……。姜さんが折れるとなるとね……」。

彼は、かつて学生運動に身を挺《てい》した経験のある団塊の世代に属していた。指紋押捺拒否をめぐる「運動」は、忘れかけていた彼の反骨精神に再び火を点けたのかもしれない。「運動」を広げ、もっと強化したい。そんな願いが彼をつき動かしていたのではないか。彼のそんな思いをわからないわけではなかった。

でも、それはだれかを犠牲にした「一揆《いっき》主義」的な抵抗のように思えてならなかった。あの「政治の季節」の時代、韓国的カテゴリーにあくまで固執したのは、そうした抵抗ではなく、自分たちの足場に根ざしながら、ねばり強く「陣地戦」を繰り広げていくような「後衛」の立場にとどまろうとしたからである。

それからすると、突っ張って逮捕されることは、「前衛」気取りのヒロイックな犠牲的行為のように思えて仕方がなかった。

重たい沈黙が続いた。そのときだ、土門先生が口を開いたのは。「わたしは姜さんがどんな決定をしても、それを支持したいですね。もともとわたしたちの運動は、市民の運動です。市民の運動はね、国家権力と対峙するとき、敗北するに決まっているんです。でもそれをただ敗北とだけ受け止める必要はないと思いますよ。負けて、負けて、負け続けて、しかしいつの日か勝てないけれど、負けてもいない、そんなときがくるはずですよ。だから姜さん、今あなたが犠牲をこうむる必要はないんです。だれもそれを姜さんに求めることはできないし、求めてはダメなんです。姜さんがこんなふうに悩まなければならない状態を作っているわたしたち日本人にこそ、問題があるのですから」。

土門先生の言葉は、わたしの心に深く染み入った。わたしは癒され、慰められているような心地だった。先生への信頼が深まり、わたしは先生にさまざまな相談をするようになっていった。

やがて日曜教会にも顔を出すようになり、「おじさん」と父を亡くした後、わたしは先生の勧めで洗礼を受けることにしたのだ。深い悲しみと喪失感、そして将来が閉ざされているような閉塞感の中で、わたしは悶々とし、心の平衡を失いかけていた。信仰への目覚めというより、土門先生への尊敬の思いが、わたしを洗礼に導いたと言える。「姜さん、すべてのわざには時があるんですよ」。先生は、旧約「伝道の書」（第三章第一節以下）の一節を諭すように話してくださった。「時がある」、そうだ「時がある」のだ。

わたしは、焦りと悲しみの中で自分を見失って、今の苦境がずっと未来永劫《えいごう》に続きそうな錯覚に陥っていたのだ。大切なことは、必ず時があるに違いないのだから、そのために準備をし、心の平穏を取り戻すことなのだ。そう思うと、凍てついた心が少しずつ氷解していくようだった。

「天の下のすべてのことには季節があり、すべてのわざには時がある。生まるるに時があり、死ぬるに時があり、……泣くに時があり、笑うに時があり、悲しむに時があり、踊るに時があり……」。わたしは何度も何度も繰り返し声を出して読み返した。言葉が体内にもぐりこみ、その内奥から生きる力を発散しているような感触を味わったのである。

やがて、土門先生がプリンストン大学神学部に留学中に知り合ったという国際基督教大学のC氏の尽力もあって、わたしは同大学に助教授として迎えられたのである。偶然にもC氏は、大学院のときの先輩だったのだ。不思議な縁というものである。「時がある」ということなのかもしれない。

その土門先生も、昨年の初春、雪まじりの底冷えする日、永遠の眠りにつかれた。享年七十歳であった。奥さんの恵子先生に「よかったね」と一言残されて。「よかったね」——その一言に先生の生涯が凝縮されているように思える。ずっとご無沙汰していたわたしは、ただ後悔の念にかられながら、葬儀の場にたたずんでいた。「すべてのわざには時がある」——わたしは、ふたり目の恩師を亡くしたのだ。

「神はわれらの避け所である。悩める時のいと近き助けである」(詩篇四六篇一節)

が先生への送る言葉だった。

それ以後、再びわたしは先生からいただいた聖書を傍らに置くようになった。信仰者とは程遠い俗物的な「宗教音痴」に過ぎないが、傍らに柔和に微笑む土門先生がいるような気がするのだ。

「おじさん」と父との別れと旅立ち

胸糞の悪くなるような八〇年代は、同時に「喪の十年」だったのかもしれない。「おじさん」と父という、最愛の一世たちが逝《い》き、それに昭和の野辺送りが重なったのである。この十年の中で、いったい日本は何を獲得して何を失ったのか。そして「在日」は。

前にも触れたように、「おじさん」が脳溢血で倒れたとき、もう意識はなかったようだった。「故郷」に残したままの息子が、重篤《じゅうとく》の病気であることを知り、「おじさん」は、日夜不安と煩悶の日々を送っていた。きっと自分の中に封印してきたやるせない悔悟の思いが募っていたに違いない。「おじさん」は、まるで自分を激しくさいなむようにほとんど不眠不休で働き続け、そしてある朝、ポキリと枝が折れるように、倒れてしまったのである。

病院に運ばれてから一週間でわたしたち数人に看取《みと》られて息を引き取った。剛胆な気性だったのか、それともこの世でのつらい人生に早く見切りをつけたかったのか、生きることに固執することもなく、死に際を悟っているかのような最期だった。引き際の潔さが、余計にわたしを悲しくさせた。

入院から亡くなるまでの一週間、わたしは病院内のフロアーで寝泊まりし、「おじさん」の傍にいるようにした。なんの力にもなりえなかったのだが、どうしてもわたしはそうしたかったのだ。

入院してから二日目の真夜中、同じような病態の患者が集中した病室がざわざわしていた。もしや……。案の定、「おじさん」への懸命の心臓マッサージが続いていた。脈拍が急激に下がり、人工呼吸器の音も途絶えていた。ふたりの医師が、胸の骨が折れるのではないかと思うほど、激しく心臓を両手でマッサージしている。病室の外からも、せりあがった「おじさん」の胸に死斑《しはん》らしきものが浮き出ているのがわかった。わたしはおろおろしながら、階下の公衆電話に駆け込み、父と母に連絡をとった。ほどなくして、父と兄が駆けつけ、三人で不安そうに事態を見守っていた。もう駄目か……。ため息のような声が父から漏れた。

しかし、予想に反して、「おじさん」は持ち直し、生命の営みを続けるようになったのである。

どちらかといえば、痩せていて体力のなさそうな「おじさん」のようにみえたが、長年にわたる重労働で肉体は鋼《はがね》のように鍛え上げられていたのかもしれない。

それから数日間、わたしは「おじさん」の足をさすり、足の裏のむくみを少しでも和らげるようにマッサージをした。「小水」の出が悪くなり、足の裏が腫れ上がってくれば、もう手の施しようがないと聞いていたからである。

妻も駆けつけてくれた。

生前、一度も妻を「おじさん」に紹介する機会がなかったことをわたしは今さらながら後悔していた。「おじさん」もきっと、わたしがあのソウルの叔父と同じような歴史を繰り返すのではないかと内心、心配していたかもしれない。しかし、妻に会えば、きっとそんな懸念は氷解するに違いないと思いつつ、「おじさん」が元気なうちにふたりを引き合わせることができなかったことを悔んだ。妻も心残りであった。その思いをこめて、ふたりで精一杯最期まで傍らにいたいと思い、妻を呼び寄せたのである。「あなたにそんなに愛情をかけてくれたおじさんですもの。わたしもそうしたいと思うわ」。妻の言葉がうれしかった。

そのときだった、「おじさん」の潤んだうつろな目がかすかに光り、涙がこぼれているように思えたのだ。わたしたちにはそう思えた。かすかな光と涙。それは、「おじさん」のわたしたちへの最後のメッセージだったのでは。わたしは今でもそう信じている。

末期《まつご》のとき、「おじさん」は思いきり大きな息を吐き出した。それは、自分の人生のすべての「恨」を解く最後の、声にならない肉声のように思えてならなかった。フーッと大きなため息が病室中に漏れ、首をこっくりと横にして息絶えたのである。

父親が肩を大きく震わせながら号泣している。父がわたしにみせたはじめての姿だった。わたしは父の背中に顔をうずめるようにして泣き崩れた。「おじさん」の死は、それまでの人生でいちばん悲しい出来事だった。

こうして指紋押捺拒否という、ささやかな抗議すらままならない日本に対する憤りとともに、深い悲しみがわたしの中に積み重なっていったのである。

それから四年後、今度は父が亡くなった。

父は非常に厳しい面もあったが、普段はやさしい人だった。つねに淡々としていて、まじめで、不器用な人だった。わたしが知っている限り、日本について悪口や批判がましいことを言ったことなど一度もない。

一汁一菜を心がけ、どんなにご馳走が出てきても、それ以上は箸をつけないような質素倹約の人だった。幼くして長男としての責任を全うするため、家族の犠牲となることを進んで受け入れ、どんな艱難《かんなん》にもめげないような忍耐強さを備えていたように思う。

時には「虫けら」のような扱いを受けたこともあったかもしれないが、それでも父は自分の「パトリ」と「祖国」への思いとともに、日本への愛着を抱き続けた。父は生前、自分の「故郷」の祖先の墓に眠ることを希望していたようだったが、やがて自分の死期を悟った頃、「おれの墓はここでいい。この熊本で」と漏らすようになっていた。落地成根、落葉帰根の思いだったのだろうか。家族で墓石にどの名前を刻んだらいいのか、話し合ったとき、わたしは迷った末に、あえて日本名がいいと主張した。それが父の気分にふさわしいと思ったからだ。

同時に、その裏側に朱で家族四人の名前を刻み込むことにした。

数十年後、「日本人」に生まれた「在日」の子孫たちは、その民族名をどんな思いで眺めるだろうか。そう思うと、何か歴史の深い味わいを感じるような気がしたのである。この地に「在日」として生きた人々がいた。その記憶は決して完全に忘れ去られるわけではないはずだ。

ドイツ留学のときにみたハイデルベルクの町はずれにある大きな墓苑（ベルクフリートホーフ）の一角にあるユダヤ人墓地の墓石のことを思い起こしていた。表面はドイツ語だが、裏面にはヘブライ文字が刻み込まれていた。墓石の一つには、戦争で別れて、亡くなっていっしょになったと刻まれていた。夫婦の悲劇を物語る墓石だった。

わたしは、墓石に「在日」の幾重にも引き裂かれた記憶の痕跡のようなものを残しておきたいと願ったのである。父もきっとわたしに賛成したに違いない。

父が亡くなったときの痛手は、言葉でなかなか言い表せない。重く苦しい悲しみに襲われ、そして自分がどう生きたらよいかわからなくなるほどだった。その暗く打ち沈んだ心に、土門先生は灯火をもたらしてくれたのである。

一世たちの歴史を刻みつけよ

父と「おじさん」を亡くし、悲嘆にくれるとともに、彼ら一世たちの深奥《しんおう》に仕舞い込まれてきた悲哀をわたしはほとんど解してはいなかったのではないかと思うようになった。あまりにも近しい存在であったために、それがみえなかったのかもしれない。

そしてわたしは、彼らと本当に出会っていなかったのではないか。そんな慙《ざん》愧《き》の念がわたしを苛んだ。

寡黙な生き様の裏に深い思いを募らせながら、それを表現する言葉を知らず、ただそれを抱きしめて別れを告げなければならない一世たちの悲しみ。それを思うとわたしは自分の胸が張り裂けそうだった。

なるほど、わたしは彼らを「代表」できるわけではない。しかし、彼らと出会うためには、一世たちの悲哀を解いてあげる必要があるのではないか。そう思うと、在日二世を生きるわたしの中に彼らの身体化されたような記憶が息づいていることがわかる。それをどうやったら表現できるのか。このことがわたしに託された課題のように思えてきたのである。

そのことを自覚するにつけ、昭和という時代の野辺送りに対してわたしは感慨を深くせざるをえなかった。

昭和天皇の病状がそっけない医学的なデータとしてメディアに垂れ流され、そして天皇の死とともに、日本全体が喪に服する巨大な哀悼の共同体に豹変したとき、それとほぼ同じく父も帰らぬ人となったのである。

このとき、再び壮大な歴史の忘却と捏造《ねつぞう》が国民的な行事として粛々《しゅくしゅく》と執り行われたような気がしてならなかった。戦前の昭和には暗い面があったが、戦後の昭和は、その天皇のもと、廃墟の中から立ち直り、空前の豊かさを実現してハッピーな「ジャパン」になった。世界はまるで「扶桑の天下」を言祝《ことほ》いでいるようではないか。日本に生まれてみんな幸せだ。その感謝の気持ちを大事に、昭和の野辺送りをしよう。そして新しい時代の到来を祝おう。あらましこんな歴史のストーリーがテレビや新聞を通じて何度となく反復されたのではないかと思う。

「鬼胎《きたい》」となったわたしの叔父や在日一世たちはいったいどこに居場所をみつけられるのだろうか。そして「日本人」だけの哀悼の共同体から排除された「在日」は、いったいどこにいればいいのだろうか。沈黙し、まるでいないかのように振る舞わなければならないのか。いったい「在日」とはどんな存在なのだろう。

「自粛」の総動員体制の息苦しさにへきえきしながら、わたしは自分が生まれ育った日本という社会をみつめ直す必要に迫られたのだ。

そして同時に戦後という時代について考え直してみなければならないと思うようになった。

今でもわたしにはあのときの光景が忘れられない。新宿で在日一世と食事をすませて外に出ると、あたり一面のネオンがボーッと消えかかるように暗くなり、やがて周りのすべてが重く沈んでいく錯覚にとらわれた。

「姜さん、これがわたしたちの知っている日本なんだよ」。ぽつりとそう語る一世の眼差しは、まるで遠い時代の記憶を手繰《たぐ》り寄《よ》せているようだった。にわかにわたしたちの前に現れた日本は、まるで隔世遺伝のような光景を呈していたのである。

戦後とはなんなんだろう。日本人とはなんなんだろう。そして「在日」とは。その問いかけは今も続く。此処《ここ》の者（インサイダー）であり、他処《よそ》の者（アウトサイダー）でもある「在日」の目で、そうしたことをみつめ直してみたい。

そして「在日」の歴史をしっかりと刻みつけておきたいと願うようになったのである。

こうして、大学を「本拠地」とするわたしの社会的な言論活動がはじまることになる。昭和の終焉と平成のはじまりにみなぎっていた「扶桑の泰平」という楽観的な雰囲気が、不安感と虚脱感に変わっていくのにさほどの時間はかからなかった。世界はめまぐるしく変化し、そしてこれまでの常識では計り知ることのできない出来事が日本でも頻発するようになるのである。

第六章

社会的発言者へ

右●一九九二年、熊本日日新聞社の「日本の針路」に関する取材を受けたときの写真。（熊本日日新聞社提供）

右下●四十歳前半、メディアに登場するようになる。写真は「朝まで生テレビ！」（テレビ朝日）一九九一年一月二十五日放映、テーマ「異議あり!!　湾岸戦争・ソ連そして日本」に出演したときのもの。

下●テレビというものは、今でもやはり緊張するものである。しかしながら、このテレビ朝日「朝まで生テレビ！」をはじめとして、多くの人にメッセージを発することができるならば、機会がある限り続けていきたいと考えている。

湾岸戦争と戦後ナショナリズム

わたしがメディアを通じて活発に発言をはじめたのは、一九九〇年代に入ってからだった。

巨大な歴史的事件が連続する。旧*ソビエト崩壊と、それにさきだつ湾岸戦争である。

湾岸戦争は、大きな影響を与えた事件だと思った。旧ソビエトの崩壊というのは、ある種必然だったと言える。わたしは、社会主義体制が、なんらかの形で崩壊を迎えるのではないかという漠然とした予測を持っていたから、さほど驚きはしなかった。

しかし、湾岸戦争は、予測できないものだった。圧倒的なハイテク戦争で、しかも、数十万人という巨大な多国籍軍が展開されたのだ。第二次大戦以来の大きな、しかもまったく新しい戦争であった。これはアメリカのブッシュ・シニアがしかけた戦争だが、国連決議を経ていた。いわば多国籍軍という形での国連による軍事的な制裁である。クウェートを侵攻したイラクへの国際社会全体の制裁ということだった。

わたしはこのとき、ポスト社会主義、ポスト冷戦以後、巨大な変化のうねり

＊旧ソビエト崩壊――レーニンの死後、スターリンは諸民族の自主的権利を乱暴に踏みにじり、恣意的な統廃合、民族の強制移住などを行った。それがソ連邦の弱体化とゴルバチョフの登場で、一気に各民族地域での独立・主権確立の動きが高まる。九一年八月の軍事クーデター失敗がソ連解体への動きを加速させ、同年十二月ゴルバチョフ大統領承認のもと、ソ連邦の廃止を宣言した。

が起きつつあるという感触を得た。七九年に旧西ドイツにいて、イラン革命を間接的に知っていたせいか、この地域を震源地として大きな変化が起きるであろうことは予測がついた。しかしあのような戦争の形をとってイラクが震源地になるとは予想できなかった。

なぜ、サダム・フセインはクウェートに侵攻したのか。石油資源の問題、*OPECの問題、メジャーの問題、世界のエネルギー消費の問題、その戦略をめぐる攻防。その時点で、わたしは間違いなく、これは新しいタイプの戦争がはじまったのだという感触をえた。

そこで、なんらかの発言をしたいと思うようになった。七〇年代末の留学体験や、そこで得たイラン革命への思いなど、いろいろなものが頭をよぎる。

この戦争の本質は、いったいなんなのか。そして、日本はこの戦争を梃子《てこ》にしてどう変わるのか。この問題は、現在のイラクへの自衛隊派遣という、戦後日本の安全保障・防衛政策の根幹にかかわる変化へと連続していくことになる。

と同時に、朝鮮半島でも大きな変化が起きていた。一九八八年のソウルオリンピックと前後して、事実上、文民政権となった韓国は、九一年に朝鮮民主主義人民共和国とともに南北そろって国連に加盟することになったのだ。間違いなく冷戦終結後とポスト社会主義以後に向けた新しい変化の兆候が見えてき

*OPEC（オペック）―石油輸出国機構。国際石油資本に対抗して、石油価格の安定と生産調整を目的に、一九六〇年に石油輸出国によって結成された。

た。

湾岸戦争をめぐって日本国内にさまざまな対立点が浮上することになったが、結果的には、百数十億ドルの経済支援によって同盟国・米国への支援とする選択がとられた。「国際貢献」という言葉がにわかに脚光を浴びるようになったが、その内実は、米国の要請に応えることにあった。しかし、これを機に、戦後日本の安全保障・防衛政策や自衛隊の役割、さらに歴史認識のあり方など、論争的なテーマが浮上してくるようになる。

湾岸戦争では、日本の「国際貢献」をめぐって「ツー・レイト・ツー・リトル」（あまりにも遅く、あまりにも少ない）という英語がはやる。日本という経済大国が世界のレーダーサイトから消えてなくなったのではないかという論調が勢いを増し、「国のかたち」や「国益」あるいは国家の威信といったテーマがかまびすしく論議されるようになった。

昭和から平成に移る中で戦後としての昭和に幕引きをして、「政治大国」として装いを新たにし、国際社会に向けて国家としての責任ある立場を確保するといった、新保守主義的な思潮が台頭しつつあった。国民の意識も、経済大国にふさわしい国際的な役割、そして、国家のポジションというものを求めていた。

湾岸戦争は、それを占う試金石となったのだ。しかし、結果として、半ば幻滅に近い失望感と、平和憲法の「足枷《あしかせ》」に対する反発が広がっていった。これを契機にして政治家やジャーナリスト、学者や官僚の中でも議論が湧き起こる。

日本は国家としてどうあるべきなのか、そして国家としての役割をどうすべきなのかといった論争的なテーマが、メディアやジャーナリズムで活発に取り上げられるようになったのである。

そのときにはじめて、戦後日本のナショナリズムというのは、国家中心のナショナリズムというより、経済的なナショナリズムや文化的なナショナリズムの性格が濃厚だったことがあぶり出されることになった。

しかし湾岸戦争がきっかけになって、国家に求心力をもつナショナリズムが浮上してくることになる。それは、「新しい歴史教科書をつくる会」のような歴史修正主義とその運動にもモメンタム（はずみ）を与えることになった。

巨大メディアと大学の狭間で

そうした背景の中でわたしは、大学というアカデミックな空間と、時々刻々変わっていく現実の間で社会的な発言をする機会が増えていくことになった。

その直接のきっかけは、昭和の終焉に対する満たされない思いをどうにかしたいという焦りのようなものだった。

テレビという映像メディアに登場する機会が巡ってくることになる。

わたしの誇大な評価かもしれないが、テレビは、たとえて言えば、日常的に「人食い」をしながら、つねに鮮度を保っている怪物的なメディアであるという印象が強かった。戦後、もっとも大きな革命をもたらしたのはテレビかもしれない。

そのテレビという怪物的なメディアの現場に登場するようになり、みずからのスタンスが問われることになる。いったい、テレビでどういうスタンスをとるのか。その中でどんなメッセージを伝えていったらいいのか。しかも、大学という場を「根拠地」にして。この根拠地をベースにメディアに「出没」するスタイルが、少しずつわたしの中に定着していった。このようなスタンスをとることで、テレビというメディアの生理と病理もよくみえるようになったと思う。

やはりテレビというのは「生もの」の世界だから、絶えずアクチュアルな発言をしていかざるをえない。

しかし、それを支えるべき蓄積はやはり、大学という世界の中にある。ならば、大学とメディアとをなんとかつなぎながら、「在日」としてのわたしの見方や考え方を、社会に向けて発信しようと思ったのである。そう考えて、可能な限りメディアに顔を出すようになった。

また、テレビだけではなく、新聞に書いたり、インタビューに応じたりするようになった。それは今までになかった大きな変化である。

メディアの「生もの」と学問の「干物《ひもの》」をうまく組み合わせながら、わたしはこれまで自分の体験の中に蓄積されてきた直感的な判断を磨かなければならないと考えるようになった。その中で、いかにメディアというものが、社会の皮膚呼吸であるかということがわかるようになった。その皮膚呼吸を通じて社会の体内に起きているいろいろな変化や病理をより深いところで理解し、それらに向かい合っていくことが課題となったのである。

わたし自身は、メディア論について体系立ったものを書いているわけではない。ただ、自分の身体感覚として、そういうつき合い方をしながら、日本の社会の変化を自分なりにみてきたつもりである。

それはいっぽうでは、「在日」についてのイメージを少しずつ壊していく作業でもあった。「在日」という社会的な規定を与えられた人間は、はじめから決められた話題にしか言及できないと思われていた。いわゆるパブリック・コメンテーターとしては、必ず「在日」は、「在日」の問題についてだけ発言をするというふうに仕切られていたのだ。わたしは、それを変えたかった。

そもそも差別というのは、個人が持っているさまざまな可能性を、ある特定の領域に封じ込めていくものだ。そしてまた、本人もそのようなアイデンティティに縛られていくことになる。

だから、「在日」であれば、当然、朝鮮半島と「在日」の話だけに発言権を限定されるような、非常に窮屈な世界に入れられてしまう。それは違うと、いつも思っていた。なぜ「在日」が、湾岸戦争について話をしてはいけないのか。「在日」の人間が、なぜ日米関係について言及することができないのか。仕切られた壁をなんとか解体したいという意欲が、ふつふつと湧いてきたのだ。

社会は、ジェンダーや民族的な属性、階層的な出自や学歴、身体的な特徴や年齢など、さまざまな差異を持つ人々や集団からなりたっている。ただそれにもかかわらず、日本列島に生まれ、そこで一生を終える「日本人」に共通しているのは、その日本や日本国籍者などにまつわる自明性への素朴なもたれかかりである。その結果、民族的少数者や外国人、難民や亡命者などにとってそのような自明性から生まれるさまざまな抑圧や排除の強制が、どれほど当人たちを苦しめることになるのか、なかなか了解されることが難しいのである。

日本人への同化や適応のみえない強制力は、決して日本だけにみられるものではない。どの社会にもみられる現象である。

ただ「在日」に関して言うと、戦前の植民地支配の意識が完全に断ち切れていないため、日本人に限りなく近く、しかし「非日本人」にとどまるという微妙な距離感が作られているのである。その意味で、「在日」はほかの定住外国人や民族的少数者と違うきわめてデリケートな位置に置かれている。そのことが逆に、「在日」が自分たちに特殊なアイデンティティを与えようとする動機にもなっている。そこには、差別と同時に、語弊があるかもしれないが、非常にゆがんだ「従属的な」依存関係が成り立っているのである。

そうしたいびつな関係は、「在日」にさまざまな制約を課すことになった。そして「在日」がいろいろなジャンルで発揮できる可能性をそぎ落としていくことになったのではないか、と思うようになった。

わたしの試みは、そうした限定や境界を取り払い、多様なジャンルへの発言や発信の可能性を作り出すことだった。

二十年以上前であれば、わたしの発言できる場は、おそらくかなり限定されていたと思う。しかもその領域は、日本と朝鮮半島の関係や「在日」と日本との関係に限られていたに違いない。

しかし、冷戦終結後、グローバル化の波にもまれて多様なジャンルで「在日」が発言できる時代になってきた。もちろん、そのことは、「在日」というくくり方そのものが自明ではなくなり、何が「在日」なのかを問い直さざるをえない不確定な状況を呼び寄せることになったのだが。その状況と、わたしが大学にポジションを得ながら社会的な発言をする時期とがかみ合って、わたしの社会的発言の場が広がっていったのではないかと思う。

ただそうすることで、わたしは大きな犠牲を強いられることになる。日本では評論家と言うが、英語ではパブリック・コメンテーターという役割をメディアでこなしていくうちに、私生活や研究の面などで、かなりの支障をきたすようになった。純粋な研究以外に、多くの時間やエネルギーをそこに割《さ》かなければならなくなったのである。

わたしは「知識人」という範疇《はんちゅう》に属していると考えたことはない。それは謙遜でもなければ、責任を回避する社交辞令でそう言っているのでもない。それでも、社会的に発言するパブリック・コメンテーターの役割を引き受けていかなければならないと自分に言い聞かせてきた。メディアの反響の大きさを知るにつけ、そうした思いが膨らんでいったのである。

日本国民の在日化

この十年あまり、湾岸戦争のときに議論された日本と世界との関係のあり方について自分が発言したことは、いくつかの誤りや判断ミスがあったかもしれないが、基本的に誤っていなかったと自負している。そう思うのは、やはりドイツ留学以来のわたしの「歴史的直感」が方向感覚を失わなかったからだと思う。

総体としてみれば、ポスト冷戦時代以後の混乱が今も続いているように思えてならない。日本だけに限っても、湾岸戦争、九五年の戦後五十年という節目、その前の神戸・淡路大震災やオウム事件、さらにメディアでセンセーショナルに取り上げられるような犯罪が続いた。その犯罪の質も大きく変わり、それが起きる現場としての地域社会の光景も様変わりした。少なくとも昭和の終わりまでには考えられないような変化が生じるようになった。

そして国家官僚をはじめとするエリートの不祥事が相次ぐ。日本の社会を支えていると考えられてきた各組織や機構、さまざまな仕組みにひび割れのような亀裂が入り、疲弊した消耗感のようなものが漂いはじめるようになった。新幹線のトンネルの壁が剝落《はくらく》するような、そういう事態が社会のいろいろな分野でめずらしくもない現象となりはじめたのだ。もちろん、金融不安もあるし、大企業の倒産や失業の問題もある。

こうして社会の光景がこの十年あまり、かなり変わってしまったような印象を受ける。それはひと言で言うと、戦後日本の安定した豊かさを支えていると思われてきた社会の仕組みや人々の生活意識の変容である。企業や組合、地域や各種団体などを中核とする共同体意識がくずれ、同時に社会的なセーフティーネットが、いろいろなところでほころびはじめるようになったのである。それは、誤解を招きやすいが、日本国民の「在日化」と言えるような現象である。

「在日」は、長い間、日本人ならば形式上は平等にその恩恵に浴することができた社会的なセーフティーネットの張られていない状況の下で生きてきた。わたしの父母や「おじさん」などの一世はそうした危険《リスク》の多い状況を否応なしに受け入れざるをえなかったのである。それは、つねに「明日をも知れない我が身」の境遇だった。それと似通った境遇が大方の日本人にふりかかろうとしているのである。

前に述べた七〇年代初期の疾風怒濤の時代、「在日」は日本から取り残された「落伍者」のような存在だった。

八〇年代のバブル経済の一時期、「在日」は、その富の均霑《きんてん》にあずかり、バブリーなにわか成金が輩出した。しかし多くの「在日」は社会的なセーフティーネットをさほどあてにはできなかった。

この十年あまりの間に、一般の国民が、こうした在日的な状況に向かいつつあるのではないか。その趨勢《すうせい》を極論すれば、日本国民の「在日化」と言えるかもしれない。

「在日」が、セーフティーネットなき時代を生きながら、やがて日本社会の中に埋め込まれ、「市民」や「住民」として生きていけるような可能性がみえてきたとき、逆に日本の平均的な国民が、あたかも「在日」的な境遇に近づきつつあるのだ。

うがって言えば、そうだからこそ、「在日」と「日本人」の境界を新たに目にみえる形で作り直す力が働くようになったのかもしれない。それは、多分にナショナリズムの気分を代表しており、「北朝鮮問題」に触発された「在日」バッシングの動きもそれと関連していると思える。

そして九〇年代の十年、八〇年代とはかなり様相が異なり、国家というものがもろに人々の拠《よ》り所《どころ》として急浮上してくるようになった。明らかに国家というタブーが解かれ、それへの求心力が高まるようになったのである。

そのような変化は、歴史とその記憶をめぐる確執となって内外に波紋を広げることになる。国民の意識やナショナリズム、愛国心にとって歴史がそのアイデンティティの拠り所になるからである。

この十年を振り返ると、歴史というテーマが、事実上激しい政治的な論争の焦点になった感がある。冷戦終結以後、今まで封印されていた過去の歴史にまつわるいろいろな記憶が、九〇年代にはっきりと生きた証言となって表現されるようになったからである。いわゆる「従軍慰安婦」問題も、そうした変化と関連している。

これは、たんに日本やアジア諸国だけの問題にとどまらない。ヨーロッパにおいても同様で、全世界的にそうだったと言える。そうした問題と向き合うことは、わたしにとって自分の歴史をどうとらえるかということにつながっていた。なぜわたしは「在日」として生まれてきたのか、一世たちは、どうしてこの日本にいるのか、彼らの一生はなんであったのか。それらについて思案するうちにわたしは、社会的な発言をしていかなければならないと自覚するようになったのである。

もっともそうした発言や活動は、代理行為に近い。発言をできない、また、発言したくても言葉を知らない一世であれば、彼らはどう考えるだろうと、いつも考えた。彼らの肉声を言葉にすることは至難の業《わざ》である。言語化したとたん、肉声の魂は生命を失うような気がしないわけではない。それでも、歴史の忘却と言っていいような記憶の抹消が進んでいる社会に向けて絶えず発信し続けることが、一世たちとわたしとの絆を絶えず想起する意識的な行為のように思えたのである。

歴史論争の場で対立し、激しく論争しあうこともある。その原点には、一、二章で述べたような、幼少期からの一世との体験がある。それなしには、わたしがこのようにものを考え、発言すべきだというふうには考えなかったと思う。

だから、歴史をめぐる問題にぶつかると、自分の原点である在日一世との記憶に引き戻されていくのである。それがわたしのこの十年の歩みだった。社会に共鳴板をみつけ出すことができたときはうれしかった。と同時に、わたし自身が無性にわたしの「在日」の記憶の糸をたぐっていきたいと思うようになったのである。

逆に言うと、「在日」はどういう存在で、どういう時代を生きてきたのかということが、自分たちの社会の中で起きていた出来事だったにもかかわらず、日本ではほとんど関心が向けられていなかった。それは単に、日本との関係だけではない。韓国との関係もそうだ。

韓国社会もまた、在日の歴史についてほとんど知らなかった。

インサイダーとして、アウトサイダーとして

わたしがあえて――この点をとくに強調しておきたい――「在日」の立場から社会的に発言するということについては、エドワード・W・サイード*から触発されたものが大きい。

パレスチナ人の彼はアメリカにわたって、膨大な仕事を残した。おそらく、

*エドワード・W・サイード（一九三五―二〇〇三）現代アメリカの代表的文芸評論家。イギリス委任統治期のパレスチナ、エルサレムに生まれる。十五歳のとき渡米し、帰化する。パレスチナ問題を思想の問題としてとらえる。著書に『オリエンタリズム』『パレスチナとは何か』他。

八〇年代から九〇年代は、エドワード・W・サイードという知識人に歴史の証言者を見出したといってもいい。

かつてのサルトル*やボーヴォワール*、あるいはチョムスキー*のように、いわゆる欧米の典型的な知識人ではなく、パレスチナ人で、しかしもっとも西洋的な人文主義の伝統を体得していたのがサイードであった。彼は、「在日」と同じように自分自身が幾重にも引き裂かれている知識人だった。にもかかわらず、ある政治的な共同体に自分をまるごと帰属させずに発言していたところに、わたしは深い感銘を受けたのだ。自分たちの内奥に「他者」の痕跡を発見し、アイデンティティというものが、決して純粋でもなければ、欺瞞や瑕疵《かし》がないわけでもないことを、サイードは学問的な研究や状況への旺盛な発言を通じて明らかにしようとした。

植民地支配という心身に及ぶ深い「精神的外傷」をこうむった民族が、そのトラウマを必死になって除去しようと格闘しているにもかかわらず、その苦渋に満ちた葛藤のドラマに、いささかの痛みも共感も抱くことのない「加害者」がいるとすれば、その「加害者」に向けて、新たにナショナリズムの神話を捏造して自分たちを主張したいという誘惑に駆られることは決して理解できないわけではない。

だがその誘惑をサイードは決然と否定し、自分たちの歴史の中に「他者」の

＊ジャン-ポール・サルトルー（一九〇五―八〇）フランスの哲学者、作家。哲学論文『存在と無』などで無神論的実存主義の基盤を確立。雑誌「現代」を創刊し、文学者の政治参加を呼びかけた。

＊シモーヌ・ド・ボーヴォワールー（一九〇八―八六）フランスの作家。サルトルの伴侶で、実存主義者。著書に『第二の性』他。

＊ノーム・チョムスキーー（一九二八― ）アメリカの言語学者、政治活動家。変形生成文法という新しい言語理論を提唱。ベトナム戦争に反対して、急進的な運動家となり、『大国アメリカと新官僚』を出版。

痕跡を認め、その分離不可能な絡《から》み合《あ》いの中に新たな共存の可能性をみつけ出そうとしたのである。

彼は『知識人とは何か』の中で知識人とはつねにアマチュアであると言い切っている。アマチュアを悪く言うと、ただの素人。しかし考えてみると、父親や母親はこの日本の社会で生きていくうえで明らかにアマチュアであった。なぜなら、「在日」になったとき、父母は日本のことがわからなかったわけだから、アマチュアとして生きていかなければならなかったはずだ。普通の日本人が知っていることがわからない、完全にアマチュアだったのだ。

日本人であるということは、それだけで日本社会についてのエキスパートである。

そう考えると、彼がアマチュアと言ったのには非常に深い意味があることに気づくようになった。つまり、つねにどっぷりとインサイダーの中に浸《つ》からずに、どこかでアウトサイダー的な面を保ち続けることは困難がともなう。しかしそれには「亡命」のような境涯を生きるものにしかわからない歓びがあると言う。そう思えば、父母や「おじさん」たちは、ただ辛かった、悲しかっただけではなかった。底なしに明るい笑いと屈託のないたくましさがあった。それはきっと、そうした歓びを知っていたからではないか。

アウトサイダーで社会にいるということは、つねにアマチュアである。

例えば箸の持ち方が日本人と違うとか、言葉遣いがちょっと違うとかということも、ゼロから学ばなければいけない。しかし、だからこそ、専門家やエキスパートが忘れている直感的な理解の能力が発揮されるのかもしれない。

自分はアマチュアでも発言ができるはずだと思うようになった。例えば、わたしはイスラムやアラブの専門家ではない。中国の内情に詳しいわけでもないし、アメリカの外交や安全保障のエキスパートでもない。

しかしアマチュアの目で発言できるのだ。エキスパートだけが発言する権利を持つと考えるのは、おかしい。しかもエキスパートも多くの場合過ちを犯したり、権力に逆らったりすることを抑制する場合が多いのだ。

だからエドワード・W・サイードを通じて、わたしがメディアの中で発言する根拠が持てたような気がした。つまり自分がエキスパートとして知らなくても発言していいのだということである。たとえ政治学や社会科学をやっているからといって、森羅万象を知っているわけではない。エキスパートでなくても、それでも発言しなければいけないときがある。

わたしは、社会的なパブリック・コメンテーターとして発言をするということはどういう意味かということを彼から学んだ。彼の生き方にも共鳴できた。彼は、「亡命者」のようにアメリカの中で生き、インサイダーであると同時にアウトサイダーであり、アウトサイダーであると同時にインサイダーであった。パレスチナに行っても、彼はアメリカ人としかみられなかったのではないか。
　彼には帰るべき「故郷」（ホームランド）がなかったように思う。そしてパレスチナとイスラエルの問題を考えたとき、朝鮮半島と日本の間にも和解がない。

　宿命的とも言えるような「非和解」的なふたつの民族のアイデンティティの葛藤と相克を内側から突き崩していくうえで、示唆的なのは、サイードがその晩年にフロイト*の『モーゼと一神教』を引き合いに出している点である。ユダヤ人のアイデンティティの始まりが、モーゼ*という「非ユダヤ人」であるエジプト人によって創造されたというフロイトの論争的な解釈は、フロイトその人がユダヤ人であったことを考えるときわめて大胆である。

　フロイトは、アイデンティティを通じて国民や宗教が二分法的に分離されうるのではなく、むしろ自分の中に「他者」の痕跡を見出さざるをえないほど深く絡み合っていることを明らかにしたかったのではないか。サイードが着目するのは、まさにこの点である。

　本来、反ユダヤ主義というのは、ヨーロッパがつくり出したもっとも根の深い差別主義である。ヨーロッパが、自分たちの外に問題解決を放り出したときに、イスラエル国家ができた。そのイスラエルと、その建国によってゲットー

＊ジグムント・フロイト—（一八五六—一九三九）オーストリアの精神医学者。精神分析の創始者。その思想は心理学、文化人類学、社会学、教育学、犯罪学、宗教学などに採り入れられ、文学にも影響を与えた。

＊モーゼ—古代イスラエルの律法者、預言者、ユダヤ人の宗教的指導者。奴隷状態にあったユダヤ人の救出を決意、エジプトとパレスチナの間の放浪を指導した。シナイ山で神と契約（旧約）を結び、十戒を受けたといわれる。

化を強いられてきたパレスチナとが、血で血を洗う憎しみの中にいる。本来、和解できるはずの民なのだ。ユダヤ人とパレスチナ人というのは。

ユダヤ人の中にアラブ的なものをみ、アラブの中にユダヤ人的なものをみていくことは可能なはずである。

だから、サイードがフロイトの『モーゼと一神教』を取り上げて、フロイトと非ユダヤ人の関係を、死ぬ前にメッセージとして残したということは、わたしにとって非常に意味深長に思える。

エドワード・W・サイードからわたしは「他者」とは？「アイデンティティ」とは何か？ということについての深い洞察をえた。わたしは八〇年代まで、つねに「在日」という回路を通じてしか日本をみていなかった。しかし、今はそうではない。サイードのように幾重にも引き裂かれ、しかもそのどちらにも帰属できない自分が、どうやってメッセージを発していくのか、そのことを考え続け、実際に行動に移してみたのである。

知識人とはなんなのか。孤立していながら、そこで発言することにどういう意味があるのか。そんな迷いを持つわたしに、アマチュアとして発言するということの中に知識人という一つの役割を見出そうという彼のメッセージは、非常に胸にこたえた。だからこそ積極的に発言したいと思った。

けっきょく、行き着くさきは「他者」という問題かもしれない。「在日」というのは、日本の社会において、「他者」としても承認されていない。近い存在であると同時に遠い存在であり、遠い存在であると同時に近い存在。それは、日本と朝鮮半島の関係そのものではないかと思えるのだ。

第七章

新たな疾風怒濤の時代へ

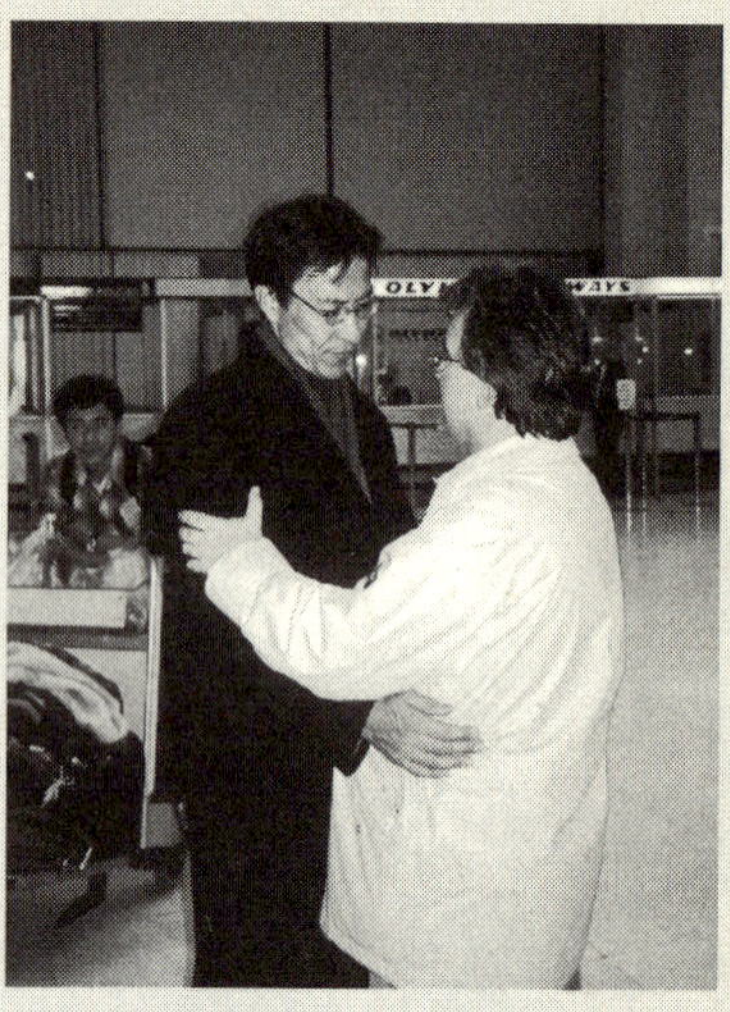

右●NHK「世界・わが心の旅」収録のため訪れたギリシャ・クレタで二十年ぶりに、西の友人インマヌエルと再会した。空港で迎えられたときにはあまりの懐かしさで言葉が出なかった。
下●二〇〇〇年、NHK「世界・わが心の旅」の収録のため妻・万里子《まりこ》とドイツを訪れた。二十年ぶりにエアランゲンの駅前広場に立ったとき、何か初心に返ったような、そんな気持ちになった。

夢の南北首脳会談と友の死

やがて、わたしの職場は、東京大学社会情報研究所に移ることになった。その変化は、わたしにとっては単に職場が変わっただけに過ぎなかった。

しかし、周りの環境はそのようなわたしの淡泊な心境とは裏腹に実像からずれたイメージを膨らませることになった。「在日」からは、記録されている限り、最初の東大教授ではないかとか、「在日」の「快挙」だとか、そういった面映《おもはゆ》いような賛辞や賞賛の声が続いた。

しかしそうした声は、わたしの内面の心象とは大きな隔たりがあった。じつを言うと、その頃のわたしは、軽度な鬱状態に陥っていたのである。世間からみると「昇格」と思えるような事態にともなう心的変化ではなかった。中年にありがちな、何か先がみえてきたことにともなう虚脱感のようなものだったのではないかと思う。ひどく落ち込むことが多く、周囲が鉛色の空のようにみえることがあった。生気がなくなり、無為に時間を過ごすことも稀《まれ》ではなくなった。孤独感が忍び寄り、死の影にくるまりたいと思うこともなかったわけではない。

そのような、なかなか口外できない心境の一端は、哲学者の*中村雄二郎《なかむらゆうじろう》氏と

＊中村雄二郎――（一九二五――）哲学者。一九七〇年代をリードするオピニオンリーダーの一人で、近代思想の主知主義的傾向が排除している感性の知を希求してきた。著作に『感性の覚醒』『共通の感覚論』などがある。

の「メール往復書簡」をまとめた「21世紀へのキーワード：インターネット哲学アゴラ」シリーズの『文化』（岩波書店）の「あとがき」で触れている。

そんなわたしに刺激を与えてくれたのは、韓国の劇的な変化だった。とくに、一九九七年の金融危機と経済破綻、ＩＭＦ管理下の経済再建といった未曾《みぞ》有《う》の歴史をくぐり抜けて、韓国社会は構造的な変化をとげつつあった。そのプロモーターになったのは、金大中大統領だった。歴史の奇縁を感じ、万感《ばんかん》胸に迫る思いであった。

しかも、金大中政権のもとで、日韓新時代が始まり、かつての韓国の暗いイメージはなくなりつつあった。

実際、韓国内の民主化は新しい段階を迎え、市民社会の奔放なエネルギーが閉ざされた権威主義の壁を壊しつつあった。その変化の波に洗われるように、わたしは韓国のテレビ局やラジオ、新聞などからアプローチを受けるようになったのである。

なんという変化だ。あの七〇年代とは隔世の感がしてならなかった。韓国が、向こうからわたしのほうに近づこうとしているようだった。自分たちがやってきたことは決して無駄ではなかったのだ。充足感が身体中に広がっていくような感じだった。その感慨が、落ち込んだわたしの心に活気を与えてくれたのである。

そして驚きだったのは、二〇〇〇年六月、金大中氏がピョンヤンを訪れ、南北分断以来はじめて南北首脳会談が実現したことである。あの金大中氏が分断以来五十年にして、画期的な歴史の一ページを開くことになるとは。青天の霹《へき》靂《れき》であると同時に感激の瞬間だった。

不自由な足をいたわるように一歩一歩飛行機のタラップを降りる金大中氏。突然、出迎えの群集の中からどよめきと拍手が鳴り響いてきた。間違いない。*金正日《キムジョンイル》氏が迎えに出向いたのだ。そう直感するまもなく、北朝鮮の事実上の「首領」が、仁王立ちのようにタラップ下で待ち構えていたのである。ふたりはがっちりと握手をした。

テレビの前で、わたしは思わず大きな声を出して叫んでいた。やったぞ、やったー。そのあまりにも大きな声に妻や子供たちは、何が起きたのかと、びっくりしている様子だった。

わたしはほとんど無意識のうちに父と「おじさん」の写真をテレビの前に置いていた。「アボジ、『おじさん』、みてください。こんな素晴らしいことが起きたんですよ。苦しかった時代は決して無駄ではなかったんですよ」。

このとき、この首脳会談を深い感慨で見守っていたのは、わたしの親友だったに違いない。

すでに彼については少し触れたことがあるが、日韓貿易の小さな会社に就職

＊金正日―（一九四二― ）北朝鮮の建国以来の指導者、金日成の長男。父の死後、九八年に国の最高統治者となると、憲法改正によって、銃隊で社会主義を守る「先軍政治（軍事優先政治）」を打ち出す。

した彼は、それから二十年、持ち前の努力とねばりで韓国社会に食い込み、やがて自分で会社を興して、韓国に二、三の工場をもつ貿易会社の社長になっていた。

同じ大学の韓文研で、在日本韓国学生同盟の副委員長も務めたことのある彼は、「在日」の父親と日本人の母親の間に生まれた。彼は韓国系の民族学校を出て、刻苦勉励して大学に入学したらしい。わたしは、なぜか彼と話をするとき、心が安らいだ。しかし——。

二〇〇〇年の春、ふとしたことから、わたしは彼が末期がんであると告げられたのである。

なぜかわからないが、わたしは以前から彼のことが気になり、電話をしたのである。数ヵ月ほど音沙汰がなかったこともあり、近況を聞くつもりだった。彼は、それまでの不規則な生活がたたったのか、一度急性糖尿病で意識が混濁するほどの深刻な状況になったことがあった。それ以来、ふっくらとして大柄の体軀はみるみるやせ細り、痛々しいほどだった。

電話で末期がんの症状を告白する友の声は、何かさばさばした感じに聞こえた。まるでわたしの動転した気持ちを和《やわ》らげるように、「あと一年は生きたいけれど、もしかして数ヵ月かもな」と落ち着いた口調で言葉を継いでくれたのだ。

人間ドックで内臓の検査などを受けたにもかかわらず、大腸がんの進行をチェックできず、事態は取り返しがつかないほど急激に悪化したらしい。だが、まだ体は動ける状態だった。

わたしは彼と、さらにもうひとりの友人を交えた三人で、小旅行に出かける計画を練った。彼が動けるときに、何か思い出となることをやっておきたかったのである。彼の息子を含めて四人で、熱海の沖に浮かぶ島、初島に出かけることにした。

潮の香りと海の広々とした景色を静かに満喫しながら、彼はたびたびフーッと大きく深呼吸をしていた。フーッ。そうだ、あの「おじさん」と同じだ。突然わたしの記憶がよみがえってきた。久しぶりの旅で疲れているにもかかわらず、彼とは夜遅くまで、韓国の経済や日韓関係、さらに朝鮮半島の将来などについて時間を忘れて話し込むことができた。

そしてはじめて、友の父親のことについて話を聞くことができた。父親に寄せる友の気持ち。それはわたしが一世たちの記憶の中で培《つちか》ってきたものと同じだった。

早世した友の父親は、生前、一度も自分の国のことで愚痴をこぼしたことがなかったという。剛毅で実直な人柄だったに違いない。「尚中、アボジは一度も韓国のことを悪く言うことはなかったんだよ。国の人たちに騙されたり、カモにされたりして随分と苦労したけれど、それでもアボジは一度もそんなことで愚痴を言う人ではなかった。なんだか、黙々と生きていたような記憶があるんだ。おれは、『あいの子』だけれど、そんなにアボジが愛した国だから、韓国のことを悪く言う気にはなれないんだ」。

「確かにいろいろと問題があるよ、韓国は。日本に較べれば、いろんなものがまだ未整備だし、欠点が多すぎるね。でもな、きっとあの国はよくなるよ。きっと……」。

これが彼の口癖だった。彼もまた、韓国での仕事で騙されたり、裏切られたりしたことがたびたびあったらしい。しかも、八〇年代にはKCIA*（現ANSP）に一週間ほど連行されて、拷問《ごうもん》同然の扱いを受けたことがあったと聞く。

それでも、友は、不遇な「祖国」に捧げられた父親の思いをいつも想い返していたに違いない。

その後、しばらくして彼は浦安《うらやす》の病院に入院することになった。その年の、例年にないほど酷暑が続いた夏、わたしは毎日のように彼を見舞った。だんだんやせて、骨と皮になっていくのが痛々しかった。腕や足のマッサージをしながら、彼と言葉を交わすのが、その夏のわたしの日課になっていた。ずっと最期までついていてあげたい、「おじさん」のときと同じように。わたしはまる

＊ＫＣＩＡ―韓国中央情報部。一九六一年六月創設。大統領直属の最高権力機構として内乱罪などの捜査や共産主義、反政府勢力への監視・摘発を行う。軍事独裁政権下では抑圧装置の機能を果たす。

で「若きおじさん」をみる思いがしていた。

末期がんの最期がいよいよ近づきつつあった頃、彼は最後の賭けに出た。病院を移り、計り知れない深刻な後遺症が予想されるがん治療に挑戦すると言い出したのだ。

今の大学病院にいれば、死はまぬがれないが、しかし痛みが極力軽減された死期を迎えられる。しかし、効果も後遺症も定かでないリスクの大きい治療薬に望みを託すことは、激しい痛みの中で苦悶し続ける最期となるかもしれないのだ。

彼は、たじろぐことなく、後者を選んだ。そして息を引き取る一日前、息子たちに自分は最後まで生きることに望みを捨てないでがんばると宣言したのである。息子たちには、自分の死に際をしっかりみておくようにと遺言したという。

彼の壮絶ながんとの闘いを見守った後、わたしはただ泣き崩れ、号泣した。

「お前がひとりで逝くのが寂しいなら、おれをいっしょに連れて行ってくれ」。そんなことまで口走っていたようだ。

同じく朝鮮戦争の年に生まれ、そしてそれから五十年の年、南北首脳会談を見たあと、五十歳の誕生日まで数十日を残して友は逝ってしまった。深い喪失感がわたしを襲った。

グルーミーな気分の中でわたしは自分を見失いかねないほど打ちひしがれていた。

その傷心を癒す機会は、偶然に訪れた。NHKの「世界わが心の旅」への出演依頼が届き、わたしは「東」で喪《うしな》った友を取り戻すかのように、ドイツ留学で知り合った「西」の友、インマヌエル・スタブロラキスに二十年ぶりで再会することになるのである。

その「心の旅」は、わたしが鬱状態から抜け出し、再び歩み出すキッカケとなった。後に金大中氏の自宅でこの尊敬すべき元大統領と面談する機会に恵まれたとき、わたしは親友のことを話さずにいられなかった。

「先生の救出のためにストライキをした仲間が、三十年近くたって、あの首脳会談をどんなに喜んでみたことでしょう。ピョンヤンに立った先生の姿をみてから、その後ほどなくして亡くなりました」と。

「太陽政策」と回避された危機

南北首脳会談のあと、わたしなどが中心になって韓国YMCAで「首脳会談を祝うための集会」を催した。そこに集まっただれもが一様に、今まで夢に描いてきた時代の到来を期待していた。

しかし、日がたつにつれ、あの首脳会談は政治的なショーにすぎない、という声があがる。実際、*五億ドルの不明朗な金が北朝鮮に払われたという疑いがかかり、南北交流のけん引役となった現代財閥のトップが自殺するというショッキングな事件も相次いだ。

しかしながら、この数年で、南北の離散家族の面会人数が、それ以前の何十倍に増えているのも事実だ。首脳会談以降、数千人の離散家族が会えるようになった。それ以前の対面はわずかな人数に過ぎない。南北の鉄道や道路網開通も実現の運びに向かいつつある。

また、三十八度線をめぐる危機も薄らぎ、いろいろな交流が盛んになっている。スポーツ、芸能、学問、経済。これらはやはり、二〇〇〇年六月の首脳会談なくしてあり得なかったことだろう。

そしてもう一つ、もしこの首脳会談がなかったとすれば、北朝鮮をめぐる核危機は、もっとシリアスになっていたはずだ。もし、韓国がアメリカと同じようなスタンスをとっていたとすれば、不測の衝突もありえたかもしれない。少なくとも、北朝鮮包囲網はより強まって、危機は深刻になっていたのではないか。首脳会談が朝鮮半島をめぐる危機の深まりにブレーキをかけたことは間違いない。

これらを考え合わせると、わたしは、たとえ不透明な部分、そして不正な部

＊五億ドルの不明朗な金―南北首脳会談を実現させた見返りとして、金大中政権が金正日政権に対して一億ドルとも五億ドルともいわれる裏金を支払ったとされているが、確たる証拠はない。

分があるにしても、南北首脳会談は、やはり画期的な意味を持っていたと思う。同時に、九八年の日韓新時代がつくられることによって、日韓の相互交流は多様化し、広い裾野を持つようになった。また人的交流も膨大な数にのぼり、もはや日韓関係の断絶など想像もできなくなっている。わたしの学生時代とは雲泥《うんでい》の差である。

ワールドカップのような世界的なイベントの共同開催を通じてますます日韓交流は草の根のレベルの広がりを持つようになったのである。

こうした変化は、「在日」にとっても未来がより開かれていくことを意味している。もし日韓関係が非常にささくれだったままだとしたら、この地域の危機のボルテージはもっと高くなっていたに違いない。

こうしたことからも、わたしは、金大中政権の「太陽政策」*、積極的なエンゲージメント（関与）政策を高く評価したいと思う。ただこの関与政策は、日朝関係、米朝関係の正常化と東北アジアの多国間協調の枠組み形成とリンクしており、そのような包括的な地域的取り組みを射程に入れていた。いうまでもなく、最大のネックになっているのは、米朝関係である。

さかのぼってみれば、一九九四年、米朝枠組み合意*によって、KEDO*（朝鮮半島エネルギー開発機構）ができ、核危機の平和的な解決への展望が開かれることで、米朝間の正常化にはずみがつくと思われていた。

＊太陽政策―一九九八年二月に誕生した金大中政権は、金泳三政権が行った対北朝鮮の強硬政策を一転させ、柔軟な相互主義、一括解決などを理念とする穏健な政策をとった。これをイソップ寓話になぞらえて「太陽政策」と名づけ、その後「包容政策」と改めた。

＊米朝枠組み合意―朝鮮半島の核問題の包括的解決に向けて、米朝両国がジュネーブで協議し、一九九四年十月枠組み合意した。この合意は北朝鮮の核兵器開発を三段階で「一時凍結」から「完全放棄」に替えること。その代わりにアメリカは北朝鮮に軽水炉発電所を建設し、それが竣工するまで代替エネルギーを供給することを約束した。

＊ＫＥＤＯ―朝鮮半島エネルギー開発機構。米朝枠組み合意によって一九九五年三月、北朝鮮の黒鉛減速原子炉およ

しかしその手がかりは道半ばにして消えうせ、ブッシュ政権の「悪の枢軸《すうじく》」*発言と北朝鮮の瀬戸際作戦のエスカレートとともに、米朝間の緊張は危険水域に達してしまったのである。

最近、ウイリアム・J・クリントン前大統領は、金大中元大統領と会ったとき、自分の在任期間がもう少し長ければ、米朝関係は和解へと向かっていた。その点が非常に惜しまれるといった趣旨の発言をしたという。

とりわけ、九・一一*同時多発テロ事件の後、北朝鮮をめぐる危機は、新しい「朝鮮有事」をも危惧されるほど深刻になっていった。南北融和、和解へのムードは色あせ、一転して危機的状況へと変わってしまったのである。二〇〇二年の九月十七日の日朝首脳会談*後の事態は、危機に拍車をかけることになった。

北朝鮮がはじめた危険なゲーム

こうした危機の本質について言えば、冷戦終結に伴うこの地域の過渡的な変化を管理し、冷戦終結以後の新しい秩序をどのように形成していくのか、その合意と枠組みがまだ固まっていないことが、最大の問題である。そしてこの背景にあるのが、朝鮮戦争の歴史的な清算が未完のままに終わっていることであ

び関連施設の軽水炉発電所の転換を支援する国際共同事業体として発足。日米韓の三国で理事会を構成し、設立総会には二十三ヵ国が参加した。

＊「悪の枢軸」発言―アメリカ・ブッシュ大統領が二〇〇二年一月に行った一般教書演説で、テロ国家としてイラク、イラン、北朝鮮を名指しして、そう称した。

＊九・一一同時多発テロ事件―二〇〇一年九月十一日にアメリカを襲った同時多発テロは、ハイジャック機がニューヨークの世界貿易センタービルを倒壊させ、ワシントンの国防総省ビルとピッツバーグ郊外にも墜落した。その犠牲者は三千人をゆうに超え、株価暴落によって世界経済も大打撃を受けた。

＊日朝首脳会談―二〇〇二年九月、小泉純一郎首相が日本の首相としては初めて訪朝し、金正日総書記と会談。北

る。

米朝間の休戦協定をなんらかの安定した平和的な関係に切り替えていく新たな関係が作られていない以上、この地域の冷戦構造はまだ終わってはいないのである。米朝間には戦闘状態が凍結されたままの休戦協定しかなく、戦争の完全な終結には至っていない。したがって、なんらかの米朝関係の正常化が達成されなければならないのである。

これに対して北朝鮮は、核という、問題がもっとも国際化されやすい危険な手段に訴えることで、米朝二ヵ国間交渉の梃子《てこ》にする選択をしてしまったのである。

しかし、この選択は諸刃《もろは》の剣《つるぎ》でもある。核というリスクの大きい手段を梃子にすることで、逆に北朝鮮のディレンマがはじまったとも言える。つまり、核に訴えることで、妥協点をみつけることが困難な立場に追い込まれる危険が伴っているのである。情勢判断を見誤れば、妥協点がみつけにくくなり、破局的な事態を招かないとも言えないのだ。

ただ、北朝鮮が、これまでアメリカの恒常的な核の脅威にさらされていたことは間違いない。朝鮮戦争のときには、反転攻勢の切り札として核攻撃がダグラス・A・マッカーサー元帥*からワシントン政府に進言されたことはよく知られている。朝鮮戦争以後、長い間、日本や韓国の基地にアメリカの核が備蓄さ

朝鮮側は拉致問題に国家が関与したことを認めて謝罪、両首脳は国交正常化交渉を再開することで一致し「日朝平壌宣言」に署名した。

***ダグラス・A・マッカーサー**　（一八八〇―一九六四）日本占領時にGHQ最高司令官となり、日本に新憲法をもたらした。朝鮮戦争では、国連軍を率いて北朝鮮を敗退させたが、中国に対して戦争続行を主張して司令官を解任された。

れていたのだから、北朝鮮の脅威感は想像を絶するほど深刻だったはずだ。

とはいえ、朝鮮戦争の最初の引き金を引いたのは、北朝鮮だった。そのいっぽうで、韓国も北進武力統一を考えていた。悲劇的なことに、分断された一方の側も他方と同じように、武力による統一を考えていたのだ。それほどまでに矛盾は激化していた。

こうみれば、米朝間の休戦協定を平和協定に変えようとする北朝鮮の意図は決して不当ではない。

金大中氏は早くから六者協議を提案していた。単に核問題だけではなくて、朝鮮半島の南北の共存と統一のために、東北アジア地域の関係諸国が関与し、多国間協議の枠組みを通じて問題解決の糸口を探ることを提唱していた。

主要四大国の日米中ロ、そして南北の六ヵ国。わたしもこの六ヵ国協議*は、東北アジアの地域的な安全保障と平和的な秩序形成にとって、非常に重要な糸口になると思う。

だから、北朝鮮の核危機と米朝間の対立というシリアスな局面の中で、六ヵ国の多国間協議がとにもかくにも立ち上がってきたことを歓迎したい。

私はその中で、なんらかの妥協点が見出されると思う。協議の定例化と制度化を通じて少なくとも妥協に向けた合意に近いものは出てくるだろう。北朝鮮による、核の最終的な廃棄に向けた凍結の宣言と、北朝鮮に対するアメリカの

***六カ国協議**――二〇〇三年八月、北朝鮮の核開発問題をめぐる日、米、韓、中、ロ、北朝鮮の六ヵ国協議が北京で開幕。米は北の核計画の無条件放棄を要求、日本は拉致問題を取りあげたが、物別れに終わる。二〇〇四年二月に第二回目が行われ、議長役の中国による声明が発表され、朝鮮半島の非核化について合意がなされ、第三回の六ヵ国協議の開催と実務的な作業部会の創設が決定された。

「不可侵」宣言が同時に行われ、問題を一括同時的に解決する筋道が作られるのではないか。その合意を周辺四ヵ国が保障するような包括的取り決めに至る公算は十分ありうる。

もし六ヵ国協議が決裂し、破綻すれば、北朝鮮の核問題は、国連安保理に移され、アメリカ主導の下で北朝鮮に対する強制的な核査察と、それに応じない場合の制裁措置が協議されることになりかねない。そうなれば、「朝鮮有事」は現実味をおびてこざるをえないだろう。

二月二五日開催された第二回の六ヵ国協議は、本質的な問題の先送りがなされただけだという評価もあるが、朝鮮半島の非核化について基本的な合意がみられ、六ヵ国協議の定例化に弾みがつき、実務的な作業部会の創設が取り決められたことは一定の成果である。アメリカ大統領選の勝敗も絡んで、予断を許さない展開が予想されるが、軍事的な衝突の危機は遠のきつつある。

これまでわたしは、六ヵ国協議の可能性が、東北アジアという地域的な秩序形成の試金石になると思い、折に触れてその意義を力説してきた。

もちろん、東南アジアという地域的なまとまりが、アメリカという超大国の世界戦略の中で練り上げられた概念であり、アメリカの覇権の浸透・拡大を抜きにして語りえないように、東北アジアも、戦略的な地域概念であることは否定できない。

つまり、アメリカの帝国的な覇権の影から逃れられる地域共同体ではありえないのだ。

しかし、問題は、その覇権の形態と質である。つまり、アメリカを組み込んだ地域主義的な共同体を形成し、超大国の「単独行動主義」（ユニラテラリズム）に一定の制約を課すような、多極共存的な地域統合を実現することは、決してユートピア的な夢想ではない。六ヵ国協議はその未来を占う試金石となっているのである。

終わりなきイラク戦争とその影響

「朝鮮有事」の可能性は遠のきつつあるが、イラク戦争は出口のみえない泥沼に陥りつつあることがはっきりとみえてきた。二〇〇三年の五月、ブッシュ大統領は戦闘終結を宣言し、勝利を高らかに謳《うた》いあげた。

しかし、それはアメリカの一方的な宣言であって、戦争が事実上終わったわけではないことは、その後激しさを増すようになった「自爆テロ」やゲリラ的反撃をみれば明らかである。

むしろ、イラク戦争は第二段階に突入したと言えるほど、犠牲者の数は増え続けている。アメリカ兵は言うに及ばず、アメリカとの「有志連合」国でイラク国内に駐留する軍隊への攻撃はいっこうに衰える気配はないし、さらに国内の治安や警察を担当するイラク人への執拗《しつよう》な「自爆テロ」が繰り返されているのである。明らかにイラク情勢は混乱の極みにあり、イラク人への主権委譲のスケジュールすらままならない状況にある。

アメリカは、圧倒的に優越した軍事力を政治的な再建と正当性に転換させる戦略を持ち合わせていないことが明らかになったのである。

しかも、イラク攻撃の大義は疑わしいことがハッキリとしてきた。大量破壊兵器の存在は捏造にも近いフレーム・アップであることが判明しつつある。戦争の大義は、大量破壊兵器の存在から、イラク国民の民主化、さらに大量破壊兵器の製造能力へと、猫の目のように移り変わり、いったい何がイラク戦争の大義だったのか、ほとんどわからなくなっているのだ。

それでは大義なきイラク戦争の本当の狙いはなんだったのだろう。それは、イラクの体制転換（レジーム・チェンジ）だったのではないか。それを梃子に、アメリカは、中東地域の政治地図を塗り替えるような遠大な計画を立てていたのかもしれない。

そう思うと、わたしには、イラク戦争は、日本の満州事変*と同じではないかと思えてくるのである。もちろん、イラク戦争を満州事変にたとえるのは、突《とっ》飛《ぴ》な思いつきかもしれない。しかし、フセインなきイラクは、中東の擬似満州

＊**満州事変**—一九三一年、関東軍が中国・奉天（現審陽）郊外の柳条湖で南満州鉄道の線路を爆破、中国軍のしわざと偽って中国に侵攻、占領してかいらい政権・満州国を樹立させる。列強の反発を受けた日本は国際連盟を脱退、戦争への道をひた走るようになる。

国ではないかという想定をわたしは捨てきれない。

中国で日本の正規軍がゲリラ的な非正規戦を強いられ、やがて戦争の泥沼に陥ったように、アメリカもまた、同じような泥沼に足元をすくわれかねないのではないか。

振り返ってみれば、二〇世紀後半の戦争は、その多くが正規軍とゲリラ的な非正規軍との戦いであった。ベトナム戦争やアルジェリア戦争などがその典型だ。イラク戦争もその延長上にあると考えたほうがいいのではないか。そうすると、近いうちにイラクの混乱が終息することはまずありそうもない。

むしろ、スンニー派*やシーア派、クルド人などの三つ巴《どもえ》の角逐《かくちく》が激化し、内戦に突入することもありえないわけではない。内戦の様相を呈すれば、混乱はイラクから中東全域に拡散し、この地域の混乱に拍車がかかるだろう。

そうなれば、イラク戦争は、エンドレスの様相を呈することも予想される。そして慢性的な内戦へと突入しかねないイラク情勢は、米朝間の関係正常化の行方にも大きな影響を与えることになるだろう。

またイラク復興支援を目的とするとはいえ、戦後初めて事実上の戦闘地域に自衛隊を派遣した日本は、イラク情勢の変化によっては、深い痛手をこうむる可能性があり、アメリカのもっとも大きな「有志連合」国としてテロやゲリラの標的になりかねない。

***スンニー派、シーア派、クルド人**―イスラム教徒は、その従う指導者によって教義が異なり、スンニー派、シーア派に二分される。ただし、スンニー派は全イスラム教徒の約九〇パーセントを占め、シーア派は少数派。クルド人はイラン、イラク、トルコの三国にまたがって住んでいるイラン系アジア人で、民族独立をめぐってイラクのフセイン政権と対立。

その場合のリスクは計り知れず、国内政局の混乱は避けられないであろう。極論すれば、日本は、極東のイギリスではなく、大きなイスラエルとみなされることになりかねないのだ。

さらに戦闘部隊を含めて三千人規模の兵力を増派した韓国の場合も、日本と同じような反撃にさらされることが予想される。しかも、韓国の場合、増派に反対する世論の反発は大きく、政権基盤の脆弱な*盧《ノ》武鉉《ムヒョン》大統領は、窮地に立たされ、政局の混乱は避けられないであろう。

こうした悲観的な事態は、今後の南北関係や日朝関係の進展に予測不可能な影響をあたえ、六ヵ国協議や東北アジア地域の安定にも暗い影を落とすことになるのではないか。

このような不安定要因を抱えて、北朝鮮の核問題をめぐる危機をどうやって終息させるのか、その重大な局面が訪れつつあるのだ。

わたしがこの間、北朝鮮の核問題や日朝関係、六ヵ国協議などで社会的な発言の労を厭《いと》わなかったのは、第二次朝鮮戦争の勃発という悪夢のような事態を避けたいと思ったからである。また北朝鮮の内部崩壊にともなう朝鮮半島の混乱を未然に防ぐ手立てを提言することが重要だと考えたからだ。そのためには、日朝関係の正常化と新たな関係の構築が重要であるという認識があった。

なぜ、二十世紀の百年にわたって、歴史的にも長い交流の歴史があった朝鮮

＊盧武鉉大統領―（一九四六―）韓国の現大統領。人権派弁護士として全斗煥政権の不正を追及し、人気を得、二〇〇二年、韓国の第一六代大統領に就任。しかし、脆弱な政党基盤、外交経験の不足など、不安視される面も多い。

半島と日本は、いびつな関係を強いられてきたのか。とりわけ、敗戦と解放の後も、日本と北朝鮮との間に国交すら樹立されず、断絶状態の「正常化」が半世紀以上も続いてきたのはなぜなのか。このような異常な関係を「克服」しない限り、「在日」は、国家間の対立に弄《もてあそ》ばれる非力な少数者にとどまらざるをえないのである。一世たちが味わった辛酸や悲哀の感情は、そのような「不幸な」関係と無縁ではない。

そう思ってわたしはいろいろな機会を利用して、日朝関係の正常化の必要性を力説し、朝鮮半島と日本の「和解的な」関係の重要性を訴えてきたのだ。そこには、「在日」であると同時に「東北アジアに生きる」わたしの願いがこめられている。

第八章

東北アジアにともに生きる

右●二〇〇三年七月、韓国元大統領の金大中《キムデジュン》氏のご自宅を訪問した。学生時代、ハンストなどを行っていた自身の半生と、金氏とのめぐり合わせに、胸がいっぱいになった。

下●地域の市民の方々に講義を行っている様子。こういったセミナーは大学などの講義とは別に、草の根的な活動として、活発に行ってきた。

コリアン・ネットワークを今こそ生かせ

あまり知られていないかもしれないが、コリアン系マイノリティーは、世界の各地に根を張って暮らしている。その歴史的背景や置かれている状況はさまざまだが、旧満州、現在の中国東北部には、約二百万、＊沿海州《えんかいしゅう》に五万から十万、そして中央アジアにも多数の「＊高麗人《こうらいじん》」が住んでいる。

それに「在日」を加えて、わたしは、東北アジア地域に散在するコリアン系マイノリティーの関係を「コリアン・ネットワーク」と呼んでいる。

それぞれのホスト社会の中で定着して生きているコリアン系のマイノリティーの歴史やつながりは、東北アジア地域の将来を考えていくときに、非常に重要である。

もっともそうしたマイノリティー同士の間には様々な葛藤や相克があり、決して友好的な関係だけではなく、南北朝鮮との関係も複雑である。だがそれにもかかわらず、コリアン・ネットワークという、東北アジア地域にまたがる広がりの中に「在日」を位置づけ直してみることで、その可能性はより大きくなっていくはずである。

そのうえで二〇〇二年の九・一七（日朝首脳会談）以降の事態を考えると、

＊沿海州―ロシア、シベリアの南東端。黒竜江、ウスリー川、日本海に囲まれた地方。ロシア領。

＊高麗人―旧ソビエト領、現在のロシア沿海州および中央アジアのカザフスタン共和国などに在住するコリアン系マイノリティーを言う。

そのような広域的な広がりの中で日朝関係やこの地域の平和と安定を考える機会はほとんど奪われてきたのである。

先にも述べたように、わたしはドイツ留学の前まで、「在日」を国家の枠組みの中だけでしか考えていなかった。ドイツでの様々な民族や歴史的背景を持った友人たちとの交流や世界的な変動の実感を通して、わたしは、国家とか、民族とか、ナショナリズムとか、そういった事柄について、それまでとは違った視野で捉《とら》え返《かえ》す必要に迫られるようになったのである。

なるほど、国家の問題、民族の問題をかき消すことはできない。しかし、否応なしに国を超え、境界を超えて生きざるをえない人々が、じつはコリアン系マイノリティーだけでも東北アジアに約三百万もいる。にもかかわらずこれまでその人々が相互に交流することはなかった。存在すらたがいに知らなかったのだ。そういう人々が、日朝関係や日韓関係、さらに中韓関係や中朝関係、ロシアとの関係を考えるとき、マイノリティーであるけれども、今まさに歴史的な役割を果たそうとしているのである。それに気づいたとき、わたしははじめて東北アジアに自分たちのアイデンティティを持つことができるのではないか、そう考えるようになった。

周知のことだが、EUはヨーロッパ石炭・鉄鋼同盟から始まった。しかも、アルザス・ロレーヌをめぐってドイツとフランスは領土を奪い合い、激しくいがみ合ってきた。半世紀前には、ＥＵというヨーロッパ共同体ができるなどということは、おそらくはフランス人もドイツ人もベルギー人も想像していなかったのではないか。

東北アジア地域にも新しい共同体意識が芽生えてくる可能性はありえるはずだ。この地域には植民地支配や戦争、内戦などが続き、不幸な関係がつくられてしまった。その歴史と記憶をめぐる相克は、この地域にまだ暗い影を落としている。

しかし、本来、この東北アジアには多岐にわたる重層的な交流が、国を超えてずっと昔からあったのだ。この地域の融和というものが、いつかはつくれる時代が来るのではないだろうか。

そのときに、この地域に散らばっているコリアン系マイノリティーの役割は、想像する以上に大きいはずだ。実際、日韓交流の現在を考えるとき、「在日」がその架け橋として果たした役割は少なくない。このことは日朝関係にもあてはまる。

だから、わたしは、「在日」が国と国、境界と境界を仲介するような広域的なネットワークの一部として役割を果たすことを望んでいる。

少なくとも、わたしが自分の人生を終える頃には、そんな時代が来ることを願っている。

わたしはこれまでの人生でパトリとしての「故郷」を父母の「祖国」に見出すことはできなかった。その意味で、わたしは、日本とも、南北朝鮮とも折り合いがつけられないまま、半世紀余り「在日」で生きてきたことになる。しかし、今ではこの折り合いの悪さ、落ち着きのなさは、逆に新しい可能性に通じているのではないかと思うようになった。その可能性が、「東北アジアに生きる」ということなのだ。

その思いは、なぜ日本は、日米二国間関係だけにとらわれ続けるのか、という疑問につながる。玄界灘《げんかいなだ》の向こう側の国に対する眼差しと、太平洋の向こう側に注がれる眼差しの熱さは、あまりに違いすぎる。

かつて、*新渡戸稲造《にとべいなぞう》は「我、太平洋の架け橋にならん」と言った。それは、もちろん日米の友好のことである。しかし、いっぽうで玄界灘の架け橋ということは真剣に語られてこなかった。そのことは、日本がいったいどこに帰属するかという、基本的な問題に行き着く。日本にとって欧米は、絶えず自分たちの憧れであり先達《せんだつ》だった。どんなに経済大国になっても、依然としてその意識はなくならない。

そして、東南アジアというのは、自分たちが積極的に働きかけ動かしていく対象とみなされてきた。それでは、東北アジアとは何か。それは、いろいろに複雑なものが錯綜《さくそう》する地域に違いない。かつては文化的な先達であり、そして

***新渡戸稲造**―（一八六二―一九三三）明治〜昭和前期の教育者。大正九年に国際連盟事務局次長となる。太平洋の架け橋になることを願い、世界平和を唱えた。

近代以降は、自分たちより劣った存在とみなし、時に蹂躙《じゅうりん》した地域である。それに対するある種の後ろめたさ、あるいは無関心、もしくは対立した意識を持ちながら、反面、非常に共感を感じる地域である。

その意味で二重、三重にアンビバレントな地域である。それは対欧米や対東南アジアとは違う。

だからこそ、戦後、もっともこの地域への関与が後れた。今、それがはっきりと変わりつつある。その変化の中に韓国があり、ネガティブな形で北朝鮮がある。

六者協議と拉致問題の行方

今まで無関心だった北朝鮮が、じつは突然、闖入者として日本の社会に入ってきた。しかも拉致問題という、やっかいな仕方で。そのとき、日本の中の反応は、常軌を逸するほどに高ぶっていたように思える。北朝鮮のネガティブ・イメージは、過去の植民地支配の歴史と重なりつつ、「在日」にすさまじいバックラッシュとして跳ね返ってくることになった。

わたしの周りでも、若い在日三世が厳しい状況に立たされている。時折、わたしは在日三世の学生たちを相手に講演をする機会があるが、そのつどいろいろな悩みを聞くことがある。具体的には就職問題で困難がつきまとっている。朝鮮籍での就職が難しくなっており、大学の就職担当からはせめて韓国籍に変えてほしいという声すら上がっているという。三世にとっても試練のときではないか。

わたしたち二世が味わったいやな経験を、次の世代に繰り返してほしくないという気持ちが強かっただけに、なんとも悔しい思いである。これは隔世遺伝的な現象なのか。北朝鮮をめぐる問題が大きくフレーム・アップされる中、新しい世代がその余波をもろにかぶるのは、わたしにとっても辛いものだ。そこから否応なしに、新しい世代が民族意識という問題にぶつかっていく。そういう若い世代が今後「在日」をどう生きたらいいのか、わたしに真剣な眼差しで問いかけてくることがある。自分の役割の重さを感じざるをえない。

しかし、わたしは模範になれるわけではない。ただ、彼らにネガティブだと考えられている条件が、じつは必ずしもそうではなく、逆にポジティブなものに変化できるのだと、言ってあげたいのだ。

それは、「在日」の役割が今ほど大きい時代はないということ、そして、自分たちの生きる場を東北アジアに広げられれば、「在日」こそ、その先端的な役割を果たせるのだということである。

学生たちにはそう何度も話した。個人史的に見ても、自分の示そうとしている方向は誤っていないと思う。わたしは、次の世代がそこに活路を見出すことを願っている。

そして、「東北アジアに生きる」という視点からも、北朝鮮をめぐる問題は、たんに日朝二国間で片づくものではないと思っている。冷戦以後の東北アジア地域の新たな時代に向けて、日本がそこに帰属意識を見出し、この地域全体にどのようにコミットするのか、このことが問われているからである。日本は、そこにいったい何をつくり出そうとするのか。それが今、ここで試されている。

その一つの大きな試金石として、北朝鮮が浮上してきたのだ。拉致問題は当然、国家犯罪であることは明らかだ。しかし、それを解決するとはどういうことなのか。

わたしは日朝関係の根本にあるのは、過去の歴史について人々が目を向けることだと思う。かつて、どういうことが日朝間に起こっていたのか、どうすればその時代を克服できるのか、ということをともに考えていくことがもっとも重要だと思っている。でも、実際はまるで違う。不信感と敵愾心が日朝の間を引き裂いているのだ。

ここでひとつ考えてみなければならないのは、北朝鮮の国際的な孤立ということである。

日本には日米安保体制がある。これは超大国アメリカとの事実上の軍事同盟だ。韓国も米韓相互援助条約がある。しかし、北朝鮮は今、ロシアとの間に日米安保に対応するものなどない。唯一、中朝の間に中朝友好相互援助条約があるくらいだ。ただ、中国は将来、この条約の失効を望んでいると思われる。

そうすると、北朝鮮は、周りのどの国とも同盟関係がないことになる。しかも、わずか人口二千万足らず。では、その安全保障をどうするかという問題が出てくる。北朝鮮が核に走ったのも、そうした相対的に孤立した関係によるものである。

もし、北朝鮮から核とミサイルが撤去された場合、それでも脅威になり得るだろうか。例えばミグ戦闘機にしろ、一九五〇年代に朝鮮戦争で使用したものが今も使われている。核抜きでは、韓国との軍事戦略的な優劣も明らかだ。むしろ、問題とすべきは、「崩壊」であろう。今、これをどの国も望んでいない。すると、さしあたり北朝鮮内部からの変化を促すため、国際的な環境をつくるしか方法がない。そのために拉致問題にかかわる日朝二国間協議、そして六者協議、これがパラレルに進んでいかなければならない。

なぜ北朝鮮は拉致問題について、これほどまでに強硬姿勢を崩さないのか。それははっきりしている。なぜなら、六者協議を通じて核問題を解決しなければ、日本は北朝鮮との国交正常化ができないからだ。たとえ拉致問題が解決したとしても、日本単独で六者協議とは別に日朝の正常化はできるわけがない。とすれば、北朝鮮からすれば、六者協議で見通しが立つまで、この拉致問題は棚上げにしたほうが都合がいい。

ということは、逆に言うと、日本が六者協議の推進に向けて、より積極的な役割を果たす必要があるのだ。できる限り早く、問題解決の糸口をみつけ出さなければならない。

二〇〇三年七月、外務省から呼び出され、わたしは川口順子《かわぐちよりこ》外務大臣と一時間ぐらい話したことがある。川口外務大臣は通産官僚出身で、政治家ではない。だが外交の最高責任者として二〇〇三年七月の時点では非常なディレンマに立たされていた。それは北朝鮮となんらかのパイプを持って対話をしなければならないにもかかわらず、他方で、その外交姿勢が生ぬるいという非難にさらされていたからである。

わたしはそのときに北朝鮮に出口を示してほしいと進言した。北朝鮮に出口を示す。外交というのはゼロ・サムゲームではない。ゼロ・サムゲームでやるのは戦争しかない。外交というのはゼロ・サムゲームではなくて、プラス・サムのゲームだ。日本が十のうち八とって、北朝鮮が二かもしれない。あるいは場合によってはフィフティー・フィフティーかもしれない。

いずれにせよ、ゼロ・サムゲームではない以上、なんらかの形で相手側に出口を示さなければならない。出口にたどり着くためには、どんなハードルを越える必要があるのか、そのメドを具体的に示してほしい。あらましこんなことを述べたと思う。

この一年、外交はリアリズムを見失い、ほとんど機能していなかった。結局、膠着《こうちゃく》状態が続いたまま、問題は解決されてはいないのだ。

百年目の夢として、日朝関係正常化を願う

問題の根っこに何があるのか。当然、拉致問題がある。だが、同時に、なぜ日朝交渉を進めたかというと、やはり日朝関係が正常化しなければ、この地域の未来はないからだ。

この地域の不安定要因がいつまでも解消されないのは、日本にとっても不幸である。日朝関係の正常化は米朝関係の正常化とリンクしている。だから、北朝鮮の内部矛盾というのは、国際的な影響を及ぼすことになりかねないのだ。北朝鮮ははたして北朝鮮が内部改革に成功するのかどうかは、依然として予断を許さない。

ただ、軍事的な衝突はあまりにも犠牲が大きい。したがって、対話を通じて粘り強く対外的な関係、環境を変えていくしか方法はない。その点でも関与政

策としての太陽政策が望ましい。

六ヵ国協議に注目してみると、このような多国間協議は、東北アジアでは百年間なかったことだ。いろいろなところで語ってきたことだが、一九〇五年の桂・タフト会談（時の桂太郎首相と陸軍の大立者であったタフトとの間に交わされた協定。アメリカのフィリピン領有を日本や英国など列国が認めるかわりに、日本の朝鮮半島の領有を列国が認めた）から、来年で百年（事実上、朝鮮半島の併合は一九一〇年ではなくて一九〇五年である）。この間、朝鮮半島が、この地域の当事者として認められたことは一度もなかった。

つまり、アメリカ、日本、ロシア、中国、南北が一堂に会するというのは、百年間なかったことである。それが現実に起きている。

わたしはひとつの夢として、西暦二〇〇五年、つまり、桂・タフト会談からちょうど百年目に、日朝交渉が正常化し、米朝関係も正常化する時の到来を想像することがある。

もしそれが実現されるならば、そのとき、二十世紀の百年の歴史が超えられたことになるのではないか。それほど、この地域に大きな変化が訪れるかもしれない。そういう方向で、日本がこの地域に生きる姿勢をみせてほしいし、その試金石として日朝関係を、もう一回とらえ直してほしい。

もし北朝鮮と軍事的な衝突に至るとすれば、間違いなく膨大な犠牲が払われるだろう。その犠牲は、おそらくイラク戦争どころではない。なぜならば、南北に百万以上の軍隊が対峙している。これは世界のどの地域を探してもない緊張状態である。

北朝鮮の老朽化した兵器であっても、それをソウルに向けて使うなら、おそらく想像を絶する犠牲が生まれるだろう。また、日本も無傷ですむまい。だから、大切なことは、北朝鮮の内部改革をサポートすべく、少なくともそういう国際環境をつくり出すことである。

日本と北朝鮮とは、じつは百年間満足な関係がなかった。これは異常なことだ。それこそ、百年戦争と言うけれど、朝鮮半島の北側と日本とは一九四五年の敗戦、解放まで約四十年の植民地支配があって、解放されてから一度も正常な関係になっていない。

韓国とは六五年に日韓条約を結び、約四十年間にわたってそれなりに交流をつくってきている。だが、北朝鮮とは、「非正常な」関係が続き、東北アジア地域の不安定な構造がつくられてしまった。冷戦構造がそれを可能にしていた。しかし、冷戦構造の解体は避けられない。このことは、日本列島に住む人々にとって、新しい可能性の広がりを意味しているのである。

もちろん日本だけでなく、東北アジア地域は、今後さらに人の移動、物流、文化、通信、コミュニケーションと、いろいろな交流の可能性が深まるはずだ。

しかし、残念ながら、歴史をめぐるわだかまりが、この地域にはまだ依然として解消されずに、高いテンションでくすぶっている。だからこそ、わたしは恩讐を超えて「東北アジアに生きる」ことをひとつの目標に掲げたのだ。そして、わたしの「在日」としての由来や、自分がどこに生きるすべを見出そうとしているかを、問い直した。

それが、東北アジアなのだ。自分が「在日」で生まれ、「在日」という未完のプロジェクトを生きて、今どこに向かおうとしているかを考えると、この五年、あるいは十年、わたしはずっと東北アジアに目を注いできた。

その東北アジアを拓《ひら》いていく重要なネットワークのひとつが、「在日」である。これまで「在日」は、日本の境界の中でしか生きられないという閉塞した状況にあった。「在日」であって、「東北アジアに生きる」ということは、決して断絶ではない。国や地域を超えて、輪のようにつながっている、そういう生き方ができるのではないか。残された人生を、この東北アジアにつながって生きるということのために、それを阻んでいる要因をひとつひとつ克服していく作業に費やしていきたいと願っている。

プロジェクトとしての東北アジア

なぜ「在日」として生まれたのか。「在日」とは何者なのか。わたしは、それをずっと問い続けてきた。そのことを問い続けるなかで「東北アジアに生きる」という活路を見出したのである。

東北アジア――それはイメージとして思い描けるものもあれば、あるいは地理的にいろいろな想像力をかき立てるアジアもあり、もうひとつ制度化されたアジアもあり、また、プロジェクトとしてのアジアもある。

大事なのは、こうあろうという形で働きかけていくことだ。日韓のワールドカップひとつとっても、当初は多くの人々がわだかまりを持ち、とくに日本の中ではブーイングが起こった。開催のプロセスはいろいろあったが、日韓関係のひとつの転機を象徴していたことは間違いない。

それと同じように、プロジェクトとしての東北アジアがあるはずだ。そこに、ともに進み出て、作業を始めるのだ。そうやって、さまざまな断絶や対立、敵愾心を克服していく作業をともにやっていくしかない。そういう願いを込めて、わたしは東北アジアに生きると言い続けたい。

おそらく、一世たちは東北アジアに生きるという思いは描けなかっただろう。二世になってそれができるのは、喜びである。もし一世が、パトリとしての「故郷」と祖国とを同一線上に思い描くことができたとすれば、その断絶を生きなければならなかったわたしには、帰還のイメージを思い描くことはもはや不可能である。

しかしだからこそ、わたしのような二世にはプロジェクトとしての東北アジアを思い描き、そこに生きる可能性にかけてみることができるのではないか。

わたしは学生時代まで、二世は一世の「欠落体」ではないかと思っていた。一世が持っているものをわたしは持ち合わせていなかったからだ。それは、祖国への愛着や民族への帰属意識であったろう。

わたしは自らを、まるで「欠陥人間」のように感じることがあった。その欠損をどうやって埋められるかと考えて、過剰にパトリオットになったり、民族主義になったりしたのだが、それは所詮《しょせん》借り物にすぎなかった。一世たちの記憶を抱きしめて、しかも一世たちが思い描けなかった「在日」を生きることで、東北アジアにつながっていけるのではないか。これは、失郷者のひとつの夢だと思う。

エピローグ

本書を書き進めながら、わたしはしばしば中断を余儀なくされた。記憶が言葉となり、それがわたしの前に再現されるような錯覚に陥るときがあったからだ。その度に涙がこぼれてくることがあった。そんな感傷に浸ることは、「物書き」としては失格なはずだ。「物書き」には、「距離のパトス（感情）」とでも呼べるような、対象と自分との距離感覚が必要なはずだから。

しかし、本書には、それがほとんど欠落している。「距離のパトス」に動かされて記録するには、本書の中で取り上げられている人々は、あまりにも近く、そしてわたしの身体化された記憶の世界そのものになっているからである。

それは、本書の欠点かもしれないが、それでも、ひとりの「在日」二世の誕生と成長、ためらいと煩悶の歴史が浮かび上がってくるに違いない。

およそ一冊の本が世に出るとき、それが読者によってどのような解釈の試練を受けることになるのか、作者すらも手の届かない出来事に違いない。作者がその作品の解釈についてどんな意図や願望を持っていても、最後は読者の読みにまかせるしか術はないからである。その意味で、本はその作り手から生命を与えられ、そして主人から離れて独り歩きをはじめるものである。

それでも、わたしは、読者が本書の中にいったいどんな物語を発見することになるのか、気にかからないわけではない。読者は、本書の中にひどい逆境の中で育ちながらも、ひたむきに努力して「成功」を勝ちえた「在日」二世のサクセス・ストーリーを見出すだろうか。それとも、どんな逆境に育とうとも、人との出会いに恵まれれば、人はまともな人間になれるものだという処世訓をみつけ出すだろうか。あるいは、自分の知らなかった「在日」の同時代史を半ば驚きの念をもって顧みる格好の「生きた」教材を発見するだろうか。

そのいずれであっても、それはわたしがもっとも望んでいない解釈の例であることだけははっきりと断っておきたい。

本書を書きたいと思った最大のモティーフは、朝鮮戦争の年に生まれて半世紀あまりを経たひとりの「在日」二世が、何を失い、何を獲得しえたのか、そのことを忘れえぬ人々の記憶とともに書き留めておくことにあった。

不思議なことだが、最近の十数年の歴史は、鮮明な形をとって記憶の中に残されていないのに、逆に忘れ去られたと思われていた遠い過去は、より近しい記憶としてよみがえってくるのだ。わたしの中で遠い過去と近い過去との遠近法が逆転し、遠い過去の記憶がわたしの現在そのものであるように思えることがある。

老いた母が、失われた世界の記憶をまるで昨日の出来事のように話す様子を不思議に思ったものだが、今ではわたしが母に近づきつつあることを発見したのである。それは、加齢のせいだろうか。いや、それだけではないはずだ。そこには、「在日」という失われていく世界への哀切にも似たメランコリーの感情があるように思えてならない。

本書でわたしはその感情を率直に吐露してみた。そして同時にわたしは、失われた世界へのオマージュだけでなく、その世界を今にとどめておく新しい記憶の作法を書き記しておきたいと思った。それは、「故郷」と「祖国」とが分裂したまま、その狭間で生きなければならない者の未来に託した過去の記憶の夢ではないかと思う。「東北アジアにともに生きる」とはそのことを意味しているのだ。

もはやわたしは、堅忍《けんにん》不抜《ふばつ》のアイデンティティを渇望したいとは思わなくなった。だからといって、デラシネの浮遊感覚を言祝《ことほ》ぐつもりもない。もしわたしの心境を見事に表現してくれるとしたら、次のような言葉にまさるものはない。

「わたしはときおり自分は流れつづける一まとまりの潮流ではないかと感じることがある。堅牢な固体としての自己という概念、多くの人々があれほど重要性をもたせているアイデンティティというものよりも、わたしにはこちらのほうが好ましい。これらの潮流は人生におけるさまざまの主旋律のように、覚醒しているあいだは流れつづけ、至高の状態において折り合いをつけることも調和させる努力も必要としない。それらは『離れて』いて、どこかずれているのだろうが、少なくともつねに動きつづけている——時に合わせ、場所に合わせ、あらゆる類の意外な組み合わせが変転していくというかたちを取りながら、必ずしも前進するわけではなく、ときには相互に反発しながら、ポリフォニックに、しかし中心となる主旋律は不在のままに。これは自由の一つのかたちである、とわたしは考えたい——たとえ完全にそう確信しているとは言えないにせよ。この懐疑的傾向もまた、ずっと保持しつづけたいとわたしが特に強く望んでいる主旋律の一つである。これほど多くの不協和音を人生に抱え込んだ結果、かえってわたしは、どこかぴったりこない、何かずれているというあり方のほうを、あえて選ぶことを身につけたのである。」（エドワード・W・サイード『遠い場所の記憶』中野真紀子訳）

二十代の終わり近く、わたしはドイツに留学する機会をえた（本書の第四章)。そしてそれから二十数年が経ち、奇しくも再びわたしは彼地《かのち》に長期にわたって滞在することになっている。わたしの人生のほぼ半ばに叶えられた越境の体験が、その後の人生の軌跡を変える転機であったとすれば、今度も、再び、わたしの人生を変える転機になるかもしれない。それを期待しながら、本書が幕を閉じていくひとつの時代へのささやかな自伝的な記念碑になればいいと願っている。

本書が出来上がるために、多くの人々の助けを仰がなければならなかった。なによりも、惜しみない助言と激励を与えてくださったのは、岡部ひとみさんである。彼女の精力的な仕事ぶりと本書の完成に注がれたエネルギーがなかったならば、本書は日の目をみることはなかったはずだ。本作りに懸けるプロとしての矜持と深い見識、そして卓抜した直観力からわたしは多くのものを学ぶことができた。岡部さんに心から感謝の意を表したい。また松原大輔さん、野崎慎吾さんにもひとかたならずお世話になった。過去の資料の渉猟《しょうりょう》や歴史的事実の確認など、面倒な仕事を一手に引き受けてくださったお二人にお礼を述べたい。さらに、カメラマンの平間至さん、ブックデザインを担当してくださった鈴木成一さんにも心から感謝の意を表したいと思う。

最後に母(オモニ)と妻・万里子に感謝したい。このふたりの女性の尽力がなければ、そもそも本書が世に出ることはなかったであろうし、またわたしの人生もまったく違っていたはずである。
ありがとう、オモニ、万里子。

二〇〇四年三月

姜 尚中

姜 尚中（カン・サンジュン）

一九五〇年、熊本県熊本市に生まれる。早稲田大学大学院政治学研究科博士課程修了。ドイツ、エアランゲン大学に留学の後、国際基督教大学助教授・準教授などを経て、現在東京大学社会情報研究所教授。専攻は政治学、政治思想史。テレビ・新聞・雑誌などで幅広く活躍。

主な著書に『マックス・ウェーバーと近代』（岩波現代文庫）、『オリエンタリズムの彼方へ――近代文化批判』（岩波書店）、『東北アジア共同の家をめざして』（平凡社）、『ナショナリズムの克服』（共著・集英社新書）、『日朝関係の克服』（集英社新書）、『在日からの手紙』（共著・太田出版）、『挑発する知』（共著・双風舎）、『愛国心』（共著・講談社）などがある。

在《ざい》日《にち》

二〇〇四年三月二十三日　第一刷発行
二〇〇四年五月　二十　日　第四刷発行

著者――姜《カン》　尚中《サンジュン》

発行者――野間佐和子
発行所――株式会社講談社
東京都文京区音羽二丁目一二―二一　郵便番号　一一二―八〇〇一
電話　編集〇三―五三九五―三五三〇
販売〇三―五三九五―三六二二
業務〇三―五三九五―三六一五
印刷所――慶昌堂印刷株式会社
製本所――黒柳製本株式会社

落丁本・乱丁本は購入書店名を明記のうえ、小社書籍業務部あてにお送りください。送料小社負担にてお取り替えします。なお、この本についてのお問い合わせは生活文化第三出版部あてにお願いいたします。
ISBN4-06-212322-3　定価はカバーに表示してあります。